# VOCÊS AINDA *não* OUVIRAM NADA

BIBLIOTECA FUNDAMENTAL DE CINEMA

Dados Internacionais de Catalogação na Publicação (CIP)
(Câmara Brasileira do Livro, SP, Brasil)

Sabadin, Celso
   Vocês ainda não ouviram nada: a barulhenta história do cinema
mudo / Celso Sabadin. -- 3. ed. -- São Paulo: Summus, 2009. --
(Biblioteca fundamental de cinema ; 5 / direção : Francisco Ramalho Jr.)

   Bibliografia
   ISBN 978-85-323-0643-2

   1. Cinema - História 2. Filmes mudo - História I. Ramalho Junior,
Francisco. II. Título. III. Série.

09-10362                                              CDD-791.4309

Índice para catálogo sistemático:
   1. Cinema mudo: História                          791.4309

Compre em lugar de fotocopiar.
Cada real que você dá por um livro recompensa seus autores
e os convida a produzir mais sobre o tema;
incentiva seus editores a encomendar, traduzir e publicar
outras obras sobre o assunto;
e paga aos livreiros por estocar e levar até você livros
para a sua informação e o seu entretenimento.
Cada real que você dá pela fotocópia não autorizada de um livro
financia um crime
e ajuda a matar a produção intelectual de seu país.

# Celso Sabadin

# VOCÊS AINDA *não* OUVIRAM NADA

*A barulhenta história do cinema mudo*

summus
editorial

*VOCÊS AINDA NÃO OUVIRAM NADA*
*a barulhenta história do cinema mudo*
Copyright © 1997 by Celso Sabadin
Direitos desta edição reservados para Summus Editorial

Editora executiva: **Soraia Bini Cury**
Editoras assistentes: **Andressa Bezerra e Bibiana Leme**
Capa, projeto gráfico e diagramação: **Gabrielly Silva/Origem Design**
Imagem da capa: **Vilma Banky e Rodolfo Valentino em *O Filho do Sheik* (1926).**
**Picture Post/ Hulton Archive/ Getty Images**

BIBLIOTECA FUNDAMENTAL DE CINEMA - 5
Direção: Francisco Ramalho Jr.

**Summus Editorial**
Departamento editorial:
Rua Itapicuru, 613 – 7º andar
05006-000 – São Paulo – SP
Fone: (11) 3872-3322
Fax: (11) 3872-7476
http://www.summus.com.br
e-mail: summus@summus.com.br

Atendimento ao consumidor:
Summus Editorial
Fone: (11) 3865-9890

Vendas por atacado:
Fone: (11) 3873-8638
Fax: (11) 3873-7085
e-mail: vendas@summus.com.br

Impresso no Brasil

*Ao meu pai, que, nas madrugadas
televisivas, me ensinou quem foram
James Cagney, Humphrey Bogart,
James Stewart...*

*À minha mãe, que sempre me mandava
ao Cine Riveira, nas matinês de sábado,
para que visse Jerry Lewis.*

*À minha esposa, companheira
inseparável tanto nas grandes comédias
como nos grandes dramas da vida.*

*Aos meus filhos, cinéfilos congênitos,
vorazes consumidores de Pixar, Disney
e* Menino Maluquinho *desde
os 2 anos de idade.*

# SUMÁRIO

*Apresentação* › 9
FRANCISCO RAMALHO JR.

*Prefácio à 1ª edição* › 11
RUBENS EWALD FILHO

13 — SEM PALAVRAS

17 — A ERA DAS INVENÇÕES – E O MUNDO NUNCA MAIS FOI O MESMO

23 — PRÉ-HISTÓRIA – OS PRECURSORES DE LUMIÈRE
· *Le Prince, o primeiríssimo* › 29
· *Edison, o inventor empresário* › 29
· *Reynaud, o primeiro desenhista de animação* › 32
· *Eastman, o dono do filme* › 33

37 — LUMIÈRE – FINALMENTE, O CINEMA

53 — MÉLIÈS – O INÍCIO DO SHOW

61 — PATHÉ – O CINEMA SE TORNA INDÚSTRIA

67 — ENQUANTO ISSO, DO OUTRO LADO DO ATLÂNTICO...
· *Biograph e Vitagraph, as pioneiras norte-americanas* › 72
· *Porter: revolucionário ou plagiador?* › 78
· *O truste de Edison – por algum tempo, o cinema vira máfia* › 81

91 — 1908-1918 – COMEÇAM A SURGIR OS GRANDES ESTÚDIOS NORTE-AMERICANOS
· *IMP/ Universal – o sucesso do estilo agressivo de Carl Laemmle* › 92
· *Mutual/ Keystone/ Triangle – as comédias de Sennett e os épicos de Griffith* › 94

- *Famous Players/ Lasky/ Paramount – sociedades, brigas e fusões* › 99
- *Fox – a vampe e o caubói garantem as bilheterias* › 103
- *United Artists – os gênios unidos* › 107
- *Columbia, carne e repolho* › 110
- *Surge o primeiro longa-metragem… na Austrália* › 111

113 – SILÊNCIO NAS TELAS; GARGALHADAS NAS PLATEIAS
- *Harold Lloyd, o Homem-Mosca* › 117
- *O gênio, o gordo e o magro* › 119

123 – ESTOURA A PRIMEIRA GUERRA MUNDIAL – MELHOR PARA OS ESTADOS UNIDOS
- *As ambições e pretensões da Itália* › 125
- *Alemanha, berço dos filmes de terror* › 129
- *Subdesenvolvimento czarista e o atraso do cinema russo* › 132
- *Filmes só para inglês ver* › 136
- *A França perdendo mercado* › 143
- *Yes, nós temos cinema* › 148

151 – HOLLYWOOD – O CINEMA RUMA PARA O OESTE
- *Nasce uma estrela: a MGM* › 158
- *Valentino, de lavador de pratos a Latin lover* › 164

167 – ANIMAÇÃO – O CINEMA DESENHADO
- *Félix dá o pulo do gato* › 170
- *Os Fleischers, antes de Betty Boop e Popeye* › 173
- *Paul Terry, pré-Super Mouse* › 175
- *Disney antes de Mickey Mouse?* › 177

181 – CRISE – SERÁ QUE OS LUMIÈRE TINHAM RAZÃO?

185 – NA EUROPA, OS DITADORES IMPÕEM OS CAMINHOS
- *A Alemanha resiste e faz um dos melhores cinemas do mundo* › 190
- *O cinema nasceu na França – a sétima arte também* › 198
- *O gênio inglês* › 202

205 – BRASIL – FILMES, COXINHAS E JOGO DO BICHO
- *Popular por natureza, o cinema se espalha pelo país* › 207
- *Terra estrangeira* › 211

213 – NINGUÉM AINDA TINHA OUVIDO NADA

*Referências bibliográficas* › **221**

# APRESENTAÇÃO

Continuando a série de livros que a Summus Editorial está publicando na coleção Biblioteca Fundamental de Cinema, editamos agora o livro do teórico e crítico de cinema Celso Sabadin, que fora editado anos atrás mas estava esgotado e desaparecido do mercado. Esta nova edição, ampliada, revista e reescrita, é bem-vinda em todos os aspectos cinematográficos e culturais. Não se trata apenas de um livro sobre os filmes feitos nesse período do cinema, o cinema mudo, mas de uma cuidadosa pesquisa sobre o nascimento e o desenvolvimento da indústria cinematográfica em vários países, como Estados Unidos, França, Inglaterra, Itália, Rússia, Austrália e Brasil.

Além de situar seus criadores e empreendedores, considera o nascimento do cinema como arte e indústria, tendo como protagonistas os diretores, atores, produtores e todo o processo de afirmação do cinema no mundo.

O interesse do livro também se amplia, pois sua análise situa o aparecimento do *star system*, a criação da linguagem cinematográfica, o surgimento das técnicas, a animação, as salas de exibição, o controle do cinema por leis, a relação do cinema com o Estado e, em particular, a descoberta do domínio do cinema sobre as massas e o aproveitamento desse fato pelos regimes democráticos – e, também, pelos autoritários.

Por isso, e por ser livro tão importante, estamos trazendo de volta este importante trabalho de Celso Sabadin: o leitor não lerá apenas sobre filmes que ficaram e ficarão – como *Viagem à Lua*, de Georges Méliès, *O Nascimento de uma Nação* e *Intolerância*, de Griffith, *O Gabinete do Dr. Caligari*, de Robert

Wiene, *O Encouraçado Pontemkin*, de Eisenstein, *A Caixa de Pandora*, de Pabst, *Metrópolis*, de Fritz Lang, ou *Aurora*, de Murnau –, mas poderá também relembrar e descobrir fatos sobre estrelas como Chaplin, Garbo e Valentino enquanto acompanha a longa e difícil trajetória da afirmação industrial da sétima arte.

Enfim, lendo esta obra vem à minha memória a frase de Jean-Luc Godard sobre um desses inventores e criadores do cinema: "Louis Lumière, passando pelos impressionistas, era um descendente de Flaubert, e também de Stendhal, cujo espelho passou por esses caminhos".

E que o leitor aprecie este livro e beba em sua fonte como o fiz e faço.

**FRANCISCO RAMALHO JR.**
*Produtor e diretor de filmes*
*de longas-metragens*

# PREFÁCIO À 1ª EDIÇÃO

Confesso que sei muito pouco sobre o cinema mudo. Simplesmente porque nunca tive muita chance de assistir aos seus filmes. Imagine, então, o espectador comum: se já tem dificuldade em aceitar o cinema em preto e branco, que dirá do sem fala? Mas não é por má vontade; é falta de oportunidade, de informação. Até mesmo para a minha geração foi difícil imaginar o que teria sido o cinema dos anos 1910 e 1920, que só vimos em cópias deterioradas, cheias de movimentos desajeitados. Custei a descobrir que nos filmes antigos as pessoas não andavam rapidinho, que isso só se devia a uma diferença de velocidade na projeção (o cinema mudo usava 16 quadros por segundo e o falado 24, sendo que os filmes antigos dificilmente eram projetados em sua velocidade correta, daí a falsa impressão).

Mas esse é apenas um equívoco. Outros existem. O mais grave é que essa é uma forma de arte que parece condenada a desaparecer, a ser reduzida a pó. Sabia que mais da metade dos filmes rodados antes de 1950 (não apenas os de ficção de Hollywood, mas cinejornais e documentais) já se perdeu? É uma luta contra o tempo, e são poucos os que se conscientizaram de que nossa memória está sendo destruída (pois os negativos têm de ser tratados para que não encolham e pereçam, especialmente os feitos à base de nitrato de prata, os quais ainda por cima são explosivos). É mais fácil preservar os filmes de Hollywood, dos grandes estúdios, porque eles ainda têm valor comercial, graças à possibilidade de relançamento em DVD ou mesmo de transmissão nas tevês a cabo (ainda assim, a restauração de filmes recentes como *Lawrence da Arábia* e *El Cid* passou por dificuldades enormes, com partes perdidas e negativos prejudicados. Até mesmo *Guerra nas Estrelas* teve, na primeira parte, seu negativo danificado!).

Digo tudo isso porque me aflige ver todo um passado morrer por descaso. E só quando você vê um filme como *Aurora*, de Murnau, é que se dá conta da perfeição a que chegou o cinema mudo, conseguindo uma narrativa visual que praticamente dispensava os letreiros (e que o tornava universal; com o cinema falado voltamos à Torre de Babel).

Só vendo filmes assim é que se podem compreender as polêmicas lendárias da resistência dos intelectuais ao cinema falado, principalmente de Charles Chaplin, que apenas em *O Grande Ditador* realmente atribuiu falas ao seu Carlitos.

Estou fazendo esta longa introdução simplesmente para explicar o porquê da importância deste livro de Celso Sabadin. Ele veio para me ajudar – e com certeza fará o mesmo a muita gente – a desvendar um universo pouco explorado. De forma clara, didática, bem-humorada, bem fundamentada, Celso nos leva em uma viagem dos primórdios do cinema até a chegada do filme falado. Fornece-nos datas, dados, opiniões, certamente também em busca de um universo perdido de imagens inesquecíveis.

Conheço o Celso desde o comecinho de sua carreira, quando veio me entrevistar para um jornal de bairro, ou coisa que o valha. Foi no início dos anos 1980. Depois disso ele acompanhou um pequeno curso que dei na escolinha de super-8 de Abrão Berman. Não sei se foi lá que ele me ouviu dizer o que estou prestes a afirmar, mas tenho certeza de que em algum momento lhe dei este conselho: para quem deseja saber mais sobre cinema, o único modo de aprender é pesquisando, de forma mesmo autodidática. A imprensa diária é cruel demais, com suas exigências referentes ao espaço (cada vez menor), concorrência (tendo de superar os jornais rivais) e cobertura do setor cada vez mais próxima do *press release*, ou, o que é ainda pior, do tabloide escandaloso. Escrever livros, estudar e dar aulas são as únicas formas de fugir disso, e esse foi o caminho que Celso sabiamente escolheu.

Este livro é resultado de uma saudável sede de saber e da vontade de comunicar isso para uma multidão carente de informações. Hoje em dia, Celso é o único crítico de cinema que se apresenta em rede nacional (na tevê aberta) – aliás, sempre de forma espontânea e direta, procurando se comunicar claramente com o público –, e tenho certeza de que este livro será o primeiro de muitos que você vai acompanhar com o mesmo prazer que eu.

**RUBENS EWALD FILHO**
*1997*

# SEM PALAVRAS

Em plenos anos 1970, quando o produtor e diretor Mel Brooks anunciou que seu próximo filme – *Silent Movie*; no Brasil, *A Última Loucura de Mel Brooks* – seria uma produção muda, muita gente torceu o nariz. Para o inconsciente coletivo, cinema mudo era – e talvez ainda continue sendo – sinal de coisa malfeita, de filme chato, de subdesenvolvimento cinematográfico. Mas a história, cuja memória é sempre ingrata, registra que tudo aquilo que hoje conhecemos como cinema nasceu na fase em que os filmes ainda não sabiam falar.

Drama, comédia, terror, aventura, documentário, faroeste, suspense, ficção científica – sim, ficção científica – foram gêneros que nasceram no cinema mudo. Os filmes eróticos e pornográficos também. Um dos pioneiros do desenho animado – o Gato Félix – não falava. Nem miava. Mesmo antes de desenhar seu famoso Mickey Mouse, Walt Disney já havia vendido para a Universal Pictures curtas-metragens com outra criação sua: o coelho Oswald (ou Osvaldo, no Brasil). Totalmente mudo. E por falar em Universal, a poderosa empresa foi fundada também na época do cinema mudo. Ela, a Paramount, a Fox, a Metro-Goldwyn-Mayer, a United Artists, a Warner, a Columbia, a Pathé... Os grandes estúdios nasceram naquele período, e com eles grandes estrelas como Greta Garbo, Rodolfo Valentino, Mary Pickford, Douglas Fairbanks, Rin-Tin-Tin.

Nas comédias protagonizadas por Chaplin, Buster Keaton, Harold Lloyd ou o Gordo e o Magro, a plateia, literalmente, rolava de rir. Mas da tela não

Foguete vindo da Terra acerta o olho da Lua no filme *Viagem à Lua*, de 1902.

saía nem um pio. Sob o nome de Nosferatu, o Conde Drácula já chupava pescoços indefesos de mocinhas que sucumbiam ao seu poder sem um gritinho sequer. E Georges Méliès filmou uma viagem à Lua sem nenhum efeito sonoro especial. Aliás, sem nenhum som.

Alfred Hitchcock deu suas primeiras aulas como o mestre do suspense no então silencioso cinema inglês, enquanto nos Estados Unidos bandidos e caubóis travavam violentos tiroteios com armas que soltavam muita fumaça mas nenhum barulho.

Fusões, cortes, *travellings*, gruas, filmes de setenta milímetros, sobreposições de imagens, efeitos especiais, iluminação dramática, maquetes, *back projection*, todos são irmãos (bem) mais velhos do som. Curtas, longas e médias-metragens, assim como os cinejornais, já existiam na fase muda do cinema. Não fosse por uma única e óbvia exceção – os musicais –, até seria possível arriscar dizer que tudo nasceu no cinema mudo. Inclusive o filme colorido.

Daí a importância de conhecer melhor a história desse período. O filme sem palavras é a base, a essência e o ponto de partida. Nesse período, tudo começou.

*Vocês ainda não ouviram nada*

Fachada de um cinema de Los Angeles, em 1910.

Registrados sobre as antigas películas à base de nitrato, que se incendiavam com grande facilidade (quem não se lembra de *Cinema Paradiso*?), os filmes do período mudo foram – em grande parte – perdidos no tempo e no espaço. Numa época em que os direitos autorais eram pouco ou quase nada respeitados, era comum também que eles fossem cortados, remontados, mutilados nos diferentes países em que eram exibidos. E também não era raro o corte dos créditos iniciais de vários curtas, para que o exibidor pudesse projetá-los sem identificar a empresa produtora. Tudo isso trouxe – e ainda traz – grandes dificuldades aos pesquisadores e historiadores de cinema. É impossível quantificar com precisão a produção do período, embora algumas estimativas calculem em mais de dez mil o número de longas-metragens mudos produzidos no planeta entre 1906 e 1927. Fora os incontáveis curtas.

Assim, toda contribuição literária que lance alguma luz sobre o período é bem-vinda. Esse é o objetivo deste livro, ou seja, tentar preencher pelo menos um pouquinho das enormes lacunas relacionadas ao tema que ainda estão presentes nas prateleiras de publicações editadas em português.

# A ERA DAS INVENÇÕES – E O MUNDO NUNCA MAIS FOI O MESMO

Por volta de 1860, o mundo começou a viver a chamada Segunda Revolução Industrial. A Primeira, iniciada na Inglaterra, na metade do século XVIII, estava com seus dias contados. Vários fatores determinaram a distinção entre as duas "revoluções industriais", entre eles a substituição do ferro pelo aço e do vapor pela energia elétrica e pelos derivados de petróleo, o desenvolvimento da maquinaria automática, a utilização em maior escala da química industrial, o nascimento de novas formas de organização capitalista e a evolução acelerada dos transportes e das comunicações.

Foi um período de inventos e inventores, de grandes transformações técnicas e sociais. Em 1856, o britânico Henry Bessemer desenvolveu o processo siderúrgico de conversão do ferro em aço. A partir de 1873, a popularização do dínamo permitiu que – gradativamente – a energia elétrica passasse a substituir o vapor como força motriz na indústria. Em 1859, Edwin L. Drake perfurou o primeiro poço de petróleo, na Pensilvânia, e dezessete anos depois Nikolaus Otto tornou-se o responsável pelo primeiro motor bem-sucedido de combustão interna. Gottlieb Daimler adaptou esse motor ao uso da gasolina, e o alemão Karl Benz o equipou com a faísca elétrica, para inflamar o combustível. O francês Levassor criou um veículo com motor na frente e um eixo de transmissão que levava a tração para as rodas traseiras, e, no ano seguinte, J. B. Dunlop ofereceu uma significativa contribuição ao desenvolvimento do pneu. Maybach aperfeiçoou o carburador em 1893, enquanto em 1897 Rudolf Diesel desenvolveu o motor movido a óleo cru, que até hoje leva o seu nome.

Edwin Porter dirigindo nos estúdios de Edison, em 1908.

Em consequência, nas ruas das principais cidades do mundo, antes da virada do século, já circulavam estranhas máquinas barulhentas que viriam a ser conhecidas como automóveis. Pouquíssimo tempo se passou até que os irmãos Wright, em 1903, e Alberto Santos Dumont, em 1906, realizassem experiências bem-sucedidas com aeroplanos mais pesados que o ar, movidos a motor. Na área química, William Henry Perkin desenvolveu o primeiro corante sintético em 1856, abrindo caminho para a sintetização de vários produtos, como a aspirina, a sacarina, inúmeros cosméticos e o celuloide – indispensável para a indústria cinematográfica –, cuja matéria-prima foi o caroço do algodão.

Em 1860 havia cerca de 50 mil quilômetros de trilhos ferroviários no mundo inteiro. Trinta anos depois, essa quilometragem subiu para 27 mil só nos Estados Unidos, mais 32 mil no Reino Unido e 42 mil na Alemanha. O setor das comunicações, por sua vez, presenciou o registro da patente da invenção do telefone, em 1876, feito por Alexander Graham Bell. E perto da virada do século, em 1899, Guglielmo Marconi transmitiu uma mensagem através do Canal da Mancha por meio do seu telégrafo sem fio. A lâmpada elétrica com filamento incandescente foi inventada por Thomas Edison em 1879, e menos de dez anos depois o austríaco Nikola Tesla abriu as portas para a instalação de sistemas de iluminação em cidades inteiras, possibilitada pelos seus experimentos com corrente elétrica alternada.

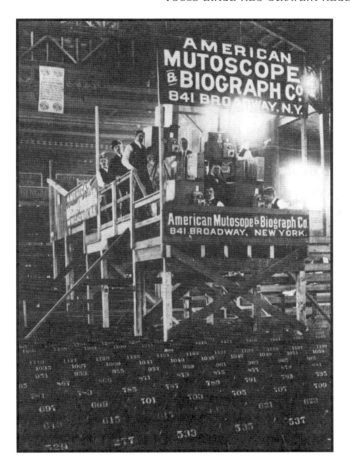

A Biograph registra uma luta de boxe em Nova York com quatro câmeras de cinema. O ano é 1899.

    Dessa forma, não é exagero afirmar que no curto espaço de tempo compreendido entre 1850 e 1900 o mundo mudou por completo. Foram cinquenta anos de desenvolvimento técnico e científico ocorrido numa velocidade jamais experimentada até então.

    É claro que a sociedade também se alterou de maneira radical. As melhores condições de higiene e saneamento, somadas ao aumento do rendimento médio da população economicamente ativa, não somente reduziram as taxas de mortalidade como também propiciaram um acréscimo nos índices de natalidade da população mundial. Entre 1810 e 1910, a Inglaterra viu sua população ser multiplicada por quatro. No mesmo período, a Alemanha saltou de 25 milhões para 70 milhões de habitantes, enquanto a população da Rússia cresceu mais de 50% entre 1865 e 1915. Os 190 milhões de habitantes contabilizados em toda a Europa em 1800 se transformaram em 460 milhões nos primeiros quinze anos do século XX.

Rex Ingram, de cartola e segurando um megafone, dirige a versão de 1921 de *Os Quatro Cavaleiros do Apocalipse*.

Os Estados Unidos, graças à sua política expansionista, cresciam não apenas no número de habitantes mas também na extensão de seu território. Em 1790, o país tinha 17 estados, quase 4 milhões de habitantes e 2,3 milhões de quilômetros quadrados de área territorial. Em 1860 – após várias guerras e anexações – os estados passaram a ser 35, a população excedia 31 milhões e a área já era mais de três vezes superior à original. No Brasil, o crescimento demográfico registrado entre 1872 e 1900 foi de 70%, com a população saltando de 10 milhões para 17 milhões de habitantes.

Mais que aumentos numéricos, as estatísticas desse período já começam a indicar outra tendência irreversível da sociedade moderna: a urbanização. A Alemanha de 1840 possuía apenas duas cidades com mais de 100 mil habitantes, número que saltou para 48 em 1910. O Rio de Janeiro, a então capital federal brasileira, contava com mais de meio milhão de habitantes na virada do século. Em 1901, o censo da Inglaterra revelou que a mão de obra economicamente ativa naquele país apresentava 20% de trabalhadores rurais e 80% de trabalhadores urbanos. E, em 1915, os norte-americanos que viviam na cidade já representavam 40% da população do país. Nascem as grandes cidades, os conglomerados urbanos, a burguesia industrial, o capitalismo financeiro, o empresariado e – consequentemente – o proletariado.

*Vocês ainda não ouviram nada*

De um lado, a febre das inovações técnicas entusiasmava populações inteiras. A energia elétrica propulsionava o que fosse preciso, os cientistas apresentavam novidades a todo instante, novos materiais eram desenvolvidos e os inventos se multiplicavam em progressão geométrica a cada nova roldana ou polia saída de um laboratório de pesquisas. De outro lado, a massa populacional crescia em proporções nunca vistas, e muitos ganhavam quantidades de dinheiro também inéditas até então. Todos esses fatores – uma população numerosa sedenta de informações e lazer, um desenvolvimento técnico sem precedentes na história, um momento econômico propício e a formação de novas e grandes fortunas – desembocaram no cinema, misto de arte, tecnologia e lazer que atingiu em cheio o coração de uma numerosa parcela do proletariado, um mercado que nascia naquele final de século.

# PRÉ-HISTÓRIA – OS PRECURSORES DE LUMIÈRE

O cinema é, antes de mais nada, ilusão. Só enxergamos imagens se movimentando na tela porque somos portadores de uma deficiência visual chamada "persistência retiniana", ou seja, uma característica do olho humano que faz que uma imagem permaneça fixa na retina por algumas frações de segundo, mesmo quando já não estamos mais olhando para ela. É por causa dessa persistência que um *flash*, por exemplo, nos "cega" por alguns segundos: o brilho da lâmpada permanece na retina, mesmo após fecharmos os olhos. Quando olhamos diretamente para o sol, continuamos "vendo" seu brilho mesmo que fechemos os olhos logo em seguida, pois a imagem dele se formou na retina e por lá permanecerá por um tempo mínimo. Ao voltarmos a abrir os olhos e depararmos com uma nova imagem – a parede do nosso quarto, por exemplo –, teremos a ilusão visual de que o sol está dentro de nossa casa.

A visão humana, dessa maneira, acaba funcionando como uma pequena truca, que vai realizando fusões sucessivas das imagens captadas pelos nossos olhos. Sem essa "deficiência", o cinema, como o conhecemos hoje, não existiria, pois o que veríamos na tela seria uma rápida projeção de 24 imagens fixas por segundo, sem a ilusão do movimento.

Os inventores, técnicos e cientistas que fizeram parte da "pré-história" do cinema sabiam disso. Para alcançar a ilusão de movimento era necessário captar um número muito grande de imagens e exibi-las de forma rápida e sucessiva diante do público. Como conseguir esse efeito, no entanto, era um

Gravura antiga que reproduz uma "câmara escura": por meio de lentes e espelhos, as imagens externas são projetadas dentro da sala.

problema bem mais complexo. As primeiras experiências se basearam nas milenares lanternas mágicas chinesas. Parente distante do nosso conhecido projetor de *slides,* a lanterna mágica nada mais era que uma caixa à prova de luz, com uma vela acesa dentro, que projetava sombras, silhuetas e pequenos desenhos a uma plateia com muita boa vontade. A partir da segunda metade do século XVIII, esse tipo de show de sombras tornou-se muito popular entre as audiências de circos e feiras de atrações.

Começam a surgir nomes pomposos para designar inventos primitivos: Eidophusikon, por exemplo, era o espetáculo de animação de silhuetas inventado pelo cenógrafo teatral Phillipe-Jacques de Loutherbourg, da Alsácia, por volta de 1780. Na mesma época, o pintor escocês Robert Barker registrou seu Panorama, nome de raízes gregas, que funcionava da seguinte forma: o público era colocado no interior de um enorme cilindro em cujas paredes pinturas, luzes, sombras e projeções proporcionavam certa sensação de imagens em movimento. Aproximadamente dez anos depois, o belga Etienne Robertson desenvolveu o Phantasmagoria – mais que um invento, uma performance: num teatro decorado como uma igreja gótica, Robertson projetava imagens de fantasmas e demônios por meio de lanternas montadas sobre um carrinho que se movimentava por trás do cenário.

*Vocês ainda não ouviram nada*

Com essas inovações, as lanternas mágicas foram ganhando adaptações e aprimoramentos, tornando-se, no século XIX, aparatos dotados de duas ou mais lentes projetoras que, manuseadas com habilidade, proporcionavam efeitos de fusão, *fades* e fugazes impressões de movimento. Os desenhos e silhuetas podiam também ser pintados sobre discos rotatórios de vidro, multiplicando assim a quantidade de imagens projetadas. Mas os espetáculos apresentados até então aproximavam-se muito mais do teatral e do circense que propriamente daquilo que hoje conhecemos como cinematográfico.

Em 1822, o francês Louis Jacques Daguerre – que seria mais tarde um dos pais da fotografia – desenvolveu o Diorama: o público sentava-se diante de um enorme cenário formado de partes opacas e translúcidas que era bombardeado por jogos de luzes e sombras projetadas pela frente e por trás do quadro.

Por volta de 1830 surgiu o Phenakistiscope, derivado das pesquisas isoladas dos físicos Joseph Plateau, da Bélgica, e Simon Stampfer, da Áustria. Trata-se de um nome complicado para designar a invenção de um brinquedo simples: sobre um disco rotativo colocavam-se desenhos representando a sequência de uma mesma ação, como se fossem os fotogramas de um desenho animado. Entre cada ilustração abria-se um pequeno recorte por onde o olho pudesse enxergar. Colocando-se o Phenakistiscope diante de um espelho, o disco era girado com certa velocidade e o observador, colocado atrás do disco, via o desenho se "movimentar" no espelho, graças aos recortes. Em 1834, William George Horner apresentou seu Zoetrope à comunidade científica da Inglaterra. O princípio era exatamente o mesmo do Phenakistiscope, trocando-se o disco por um cilindro, com os desenhos colocados em seu interior.

Todos esses inventos, porém, eram baseados em sombras, silhuetas e desenhos. Faltava uma representação mais real das imagens, o que só poderia ser obtido por meio da fotografia. Afinal, se o cinema é, basicamente, uma sucessão de fotos projetadas com certa velocidade, sua invenção não seria possível antes do desenvolvimento da técnica fotográfica. A arte e a técnica de captar imagens começaram a avançar por volta de 1823, antes mesmo da Segunda Revolução Industrial, quando o francês Joseph Nicéphore Niépce realizou a foto *A Mesa Posta*. Foram necessárias nada menos que catorze horas ininterruptas de exposição à luz para que fosse obtido o efeito desejado. Dezesseis anos depois, esse tempo caía para meia hora, e a partir de 1850 já era possível fazer uma fotografia em poucos segundos.

Com esse aperfeiçoamento, começaram a aparecer Phenakistiscopes, Zoetropes e aparelhos similares (como o Phasmatrope, de autoria de Henry

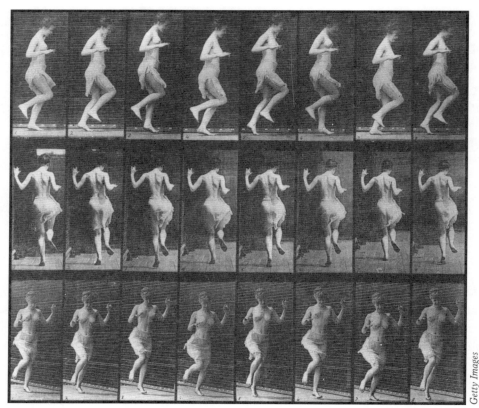

Experimento fotográfico de Muybridge, em 1887, mostrando o movimento sequencial de uma mulher dançando, observada de três pontos de vista.

Heyl) em que as fotografias substituíam os desenhos, aumentando sensivelmente o realismo dos efeitos obtidos. Bater grande número de fotos num rápido período, porém, continuava sendo um problema, parcialmente resolvido pela paciência dos modelos fotografados, que tinham de posar com precisão milimétrica para que cada fotograma pudesse ser registrado.

Em 1872, uma interessante experiência fotográfica deu um impulso decisivo para o estabelecimento do elo que ligaria a fotografia à invenção do cinema. Leland Stanford, governador da Califórnia, apostou com um amigo que os cavalos tiravam simultaneamente as quatro patas do chão durante o galope. Para o tira-teima, o fotógrafo inglês Eadweard Muybridge foi contratado com a função de registrar em fotografias os movimentos das patas de um cavalo, já que a olho nu era impossível comprovar qualquer teoria a respeito. Muybridge colocou, então, 24 câmeras fotográficas ao longo do percurso que o cavalo percorreria. Cada câmera foi armada com um disparador acionado

*Vocês ainda não ouviram nada*

por um barbante que se romperia pelas próprias patas do cavalo durante o trajeto. Assim, o cavalo "fotografaria a si mesmo" 24 vezes, e as fotos indicariam o vencedor da aposta. Stanford venceu: o cavalo chega mesmo a ficar com as quatro patas no ar ao galopar, mas isso não era o mais importante. O ponto principal foi a verificação de que essas 24 fotografias, tiradas num curto período e exibidas rapidamente uma após a outra, davam uma ilusão de movimento bem próxima da realidade. E, obviamente, o cavalo não teve de posar para elas.

Em 4 de maio de 1880, Muybridge chegou a realizar uma projeção de suas experiências, durante uma reunião da San Francisco Art Association. No dia seguinte, o jornal *San Francisco Alta* registrava o acontecimento, profeticamente:

> O senhor Muybridge proporcionou uma interessante exibição particular, na noite de ontem, para alguns críticos e artistas, mostrando os resultados de seus recentes experimentos e estudos no campo da fotografia instantânea de animais em movimento [...]. Cavalos em tamanho real foram apresentados correndo, trotando e pulando; homens, cervos, bois e cachorros corriam com todos os movimentos típicos da vida; cavalos foram mostrados correndo em diferentes direções, e outros movimentos maravilhosos e lúdicos foram exibidos. O senhor Muybridge traçou os fundamentos de um novo método de entretenimento, e nós prevemos que essa lanterna mágica de fotografias instantâneas circulará por todo o mundo civilizado.

A exibição foi repetida por mais três noites, para o público em geral. Ao realizar esse experimento, Muybridge na verdade se inspirou nos trabalhos de Étienne-Jules Marey, um inventor francês que desenvolveu uma série de pesquisas sobre os movimentos dos animais. Visando estudar justamente esses movimentos, em 1880 Muybridge chegou a construir uma máquina que projetava, utilizando um disco rotativo, as fotografias por ele tiradas. E era tão marcante o seu interesse pelos animais que o aparato foi batizado de Zoopraxiscope. Enquanto isso, na França, Marey inventava o seu estranho Fusil Photographique, ou espingarda fotográfica, uma engenhoca com o formato de uma arma, mas que em vez de atirar balas realizava a proeza de tirar doze fotos por segundo com o uso de um disco rotativo. Sua finalidade era estudar o voo dos pássaros.

Contudo, fotografar imagens em movimento tendo como suporte discos rotativos era um procedimento trabalhoso que demandava ajustes precisos e

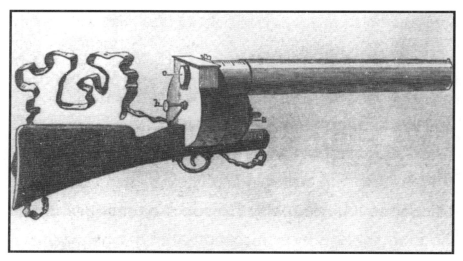

Fuzil Photographique de Marey:
12 fotos por segundo.

aparelhagens desajeitadas. O tamanho do disco por si só limitava o número de fotos. Com o aperfeiçoamento do rolo de papel fotográfico, promovido por George Eastman a partir de 1885 (o rolo de celuloide só surgiria quatro anos depois, também pelas mãos de Eastman), o processo de fotografia foi simplificado, e o próprio Marey chegou a construir uma câmera rudimentar, em 1888, que lhe permitia obter fotografias sequenciais com maior precisão e facilidade. Ela foi chamada de Chronophotographe, uma verdadeira precursora das câmeras de filmagem.

Ainda nas décadas de 1870 e 1880, registram-se outros nomes de indivíduos que, dissociados da atividade cinematográfica ou mesmo do setor de entretenimento (Londe, Anschutz e todos os demais pesquisadores esquecidos pela história), por toda a Europa, desenvolviam a fascinante ciência das fotografias e desenhos sequenciais capazes de proporcionar a ilusão de movimento.

Porém, tirar fotos em curtos espaços de tempo e exibi-las rapidamente se transformou numa atividade sem grande importância, que resultava apenas em brinquedos apresentados em feiras. O efeito não era cinematográfico, é claro, pois ainda faltava um elemento fundamental: a projeção. Assim, Phenakistiscopes, Zoetropes, Phasmatropes, Zoopraxiscopes e similares, ainda que despertassem a curiosidade do público e dos cientistas, ficaram restritos à observação individual dos frequentadores de circos, feiras, congressos científicos e parques de diversões.

*Vocês ainda não ouviram nada*

## LE PRINCE, O PRIMEIRÍSSIMO

Com vários pesquisadores desenvolvendo suas técnicas e conhecimentos por todo o mundo, não tardaram a surgir os primeiros registros envolvendo os precursores do cinema. Há autores que consideram o francês Louis Aimé Augustin Le Prince o primeiro "cineasta" da história. Dois fragmentos de filmes atribuídos a Le Prince foram descobertos, e ambos teriam sido produzidos em novembro de 1888. O primeiro, filmado entre dez e doze quadros por segundo, mostra vistas dos jardins do sogro de Le Prince, em Roundhay, Leeds, na Inglaterra. O outro, a vinte quadros por segundo, exibe a ponte de Leeds. Essa versão agrada os historiadores ingleses, pois, ainda que atribua a invenção do cinema a um francês, transporta-a para o território britânico.

Esses dois filmes de Le Prince foram feitos em rolos de papel fotográfico de cinquenta milímetros de largura, antes mesmo de os rolos de celuloide terem sido inventados. Com a chegada do celuloide, tanto a quantidade como a qualidade dos filmes produzidos por Le Prince teriam aumentado bastante, a ponto de o inventor francês se sentir suficientemente seguro para marcar um encontro visando apresentar sua descoberta a M. Mobisson, secretário da Opéra de Paris. E é nesse momento que a história do cinema – logo nas suas primeiras linhas – começa a assumir contornos de mistério e de suspense dignos de um filme de Hitchcock: em 16 de setembro de 1890, Augustin Le Prince, com seus filmes e seu aparato técnico, embarcou na estação de Dijon rumo a Paris, onde se encontraria com Mobisson. Mas ele nunca chegaria a desembarcar na capital francesa. Nenhuma pista sua nem de seu equipamento jamais foi encontrada, apesar das exaustivas buscas e investigações da polícia. E nunca mais se ouviu falar de Augustin Le Prince.

## EDISON, O INVENTOR EMPRESÁRIO

Do outro lado do Atlântico, o norte-americano Thomas Alva Edison – então já famoso, por ser o inventor da lâmpada elétrica, do microfone a carvão e do fonógrafo – iniciava também suas pesquisas relacionadas às imagens em movimento. Ex-vendedor de doces e de jornais na estação de trens de Detroit, Edison conseguiu um emprego de telegrafista com apenas 15 anos de idade e, com menos de 20, já realizava pequenos inventos no setor de operações telegráficas.

Antes de completar 30 anos, montou um laboratório de pesquisas em Menlo Park, Nova Jersey, onde começou a trabalhar em variados projetos considerados por muitos como "loucuras". Sua atividade lhe valeu o apelido de

"O mago de Menlo Park". Com o sucesso de suas invenções, os laboratórios de Edison se expandiram, ganharam filiais e enriqueceram seu dono. Registros antigos fazem crer que, em 1887, o inventor já teria conseguido colocar imagens em movimento por meio de um filme perfurado de celuloide, mas teria abandonado a sua invenção por acreditar que ninguém demonstraria interesse por um filme mudo. Esse seu raciocínio relaciona-se ao fato de que, para Edison, animar fotografias era apenas uma forma de enriquecer ainda mais o seu já consagrado fonógrafo. Ele não via a possibilidade de animar imagens como uma finalidade em si, mas apenas como um complemento de seu invento anterior. Quando Edison percebeu que não estava conseguindo sincronizar som com imagem, ele teria relegado a segundo plano suas pesquisas no campo visual.

Em janeiro de 1889, desanimado com os fracassos daquilo que seria o seu novo invento, Edison designou seu assistente William Kennedy Laurie Dickson para dar continuidade à pesquisa das imagens em movimento. Dickson, francês filho de britânicos, trabalhava também como fotógrafo, e conhecia mais as ciências ópticas que seu próprio empregador. No transcorrer daquele mesmo ano, ele conseguiu desenvolver o sistema que passou a ser chamado de cinetofonógrafo, ou cinetofone. Tratava-se de uma câmera – então denominada cinetógrafo – capaz de sensibilizar uma película de celuloide de 35 milímetros de largura e com quatro perfurações de cada lado do fotograma. O filme resultante, com aproximadamente quinze metros, era então exibido dentro de uma caixa (chamada cinetoscópio) dotada de manivela, que, por sua vez, encontrava-se acoplada a um fonógrafo. Tudo isso proporcionava a um único espectador por vez aproximadamente noventa segundos de cenas cujo tamanho da projeção não ultrapassava o de um cartão de visita.

A primeira demonstração pública do invento aconteceu em 20 de maio de 1891, nos laboratórios de Edison situados em West Orange, Nova Jersey. O público compunha-se de 147 representantes da National Federation of Women's Clubs, e o acontecimento mereceu até registro do jornal *The New York Sun* (28 de maio de 1891):

> O surpreso e satisfeito clube de mulheres viu uma pequena caixa de pinho postada no chão. Havia algumas roldanas e correias perto da caixa e um operador que as comandava. Na parte de cima havia uma abertura de aproximadamente uma polegada [25 milímetros] de diâmetro. Quando olhavam pela abertura, viam a figura de um homem; era uma maravilhosa fotografia. Ele fazia reverências, sorria, acenava com as mãos e tirava seu chapéu com perfeita graça e naturalidade. Todos os movimentos eram perfeitos.

*Vocês ainda não ouviram nada*

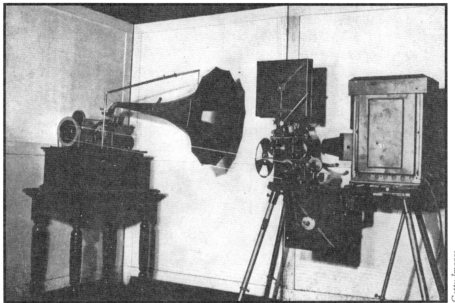

O cinetoscópio de Thomas Alva Edison.

Por isso a festa do Oscar realizada em 1991 comemorou com todas as pompas o "centenário" do cinema. Para os norte-americanos, Thomas Edison inventou efetivamente o cinema em 1891, fato que a maioria dos autores contesta. Para estes, o cinetoscópio de Edison não pode ser considerado o marco inicial da atividade cinematográfica mundial por dois fatores básicos: em primeiro lugar, no sistema de Edison a observação do filme era individual, e não coletiva, por meio de projeção. Em segundo lugar, seu invento tinha um caráter muito mais experimental que propriamente comercial, tendo contribuído muito pouco para o real desenvolvimento do cinema.

Ainda que inventado em 1889 e apresentado ao público dois anos depois, a primeira exibição comercial do cinetoscópio só ocorreria em 14 de abril de 1894, no Holland Bros' Kinetoscope Parlor, no número 1.155 da Broadway, em Nova York. Havia dez caixas dispostas em duas fileiras, e por 25 centavos os curiosos poderiam apreciar cinco filmes de aproximadamente noventa segundos cada. Para ver todos os dez filmes, o preço era de meio dólar. O primeiro dia atraiu uma pequena multidão calculada em quinhentas pessoas, que representou um faturamento de 120 dólares. Seis meses depois, mais precisamente em 18 de outubro de 1894, o cinetoscópio cruza o Atlântico e registra a primeira exibição comercial de filmes realizada na Inglaterra. Por intermédio da Continental Commerce Company of New York, uma dúzia de máquinas foi instalada no número 70 da Oxford Street, onde foram exibidos os filmes *Carmencita, Annabelle Serpentine Dance, Blacksmith Shop, Wrestling Match* e *A Bar Room Scene.*

No ano seguinte, porém, Dickson se desentende com Edison e deixa seu emprego. Vingativo, o empresário passa a negar qualquer participação de seu assistente na invenção do cinetoscópio. Quase setenta anos depois, em 1961, o pesquisador Gordon Hendricks, em seu livro *The Edison Motion Picture Myth,* afirma que todos os méritos do invento devem ser creditados a Dickson, que teria sido o verdadeiro dono da ideia. A dúvida persiste, mas é sabido que os procedimentos comerciais de Thomas Edison nunca foram dos mais elogiáveis. Seus críticos mais ferrenhos afirmam que muitos de seus inventos foram roubados e patenteados em seu nome, ainda que nas escolas norte-americanas ele seja reverenciado como um verdadeiro herói nacional. De qualquer forma, a chamada "Guerra das Patentes", que ele empreenderia anos depois, revolucionando a indústria cinematográfica, mostra bem a sua astúcia e ousadia dentro do mundo das finanças.

## REYNAUD, O PRIMEIRO DESENHISTA DE ANIMAÇÃO

Na Europa, a busca pelas imagens em ação prosseguia. Em 1892, foi apresentado no Musée Grévin, em Paris, um experimento científico que pode ser considerado a primeira exibição pública de um desenho animado da história. E um desenho colorido! A sessão foi batizada de Théâtre Optique, e o responsável pela proeza foi o francês Émile Reynaud, que encantou a plateia com mais de dez minutos de imagens em movimento. Nascido em Montreuil, cidade próxima a Paris, em 8 de dezembro de 1844, Reynaud fora aprendiz de mecânico na infância, e mais tarde tornou-se assistente de fotógrafo. Quando seu pai morreu, sua educação foi entregue a um tio cientista, que lhe abriu as portas da física e também de sua vasta biblioteca, da qual Reynaud se tornou um verdadeiro devorador. Autodidata, chegou a ser professor de física, e dedicava grande parte do seu tempo às invenções.

Para alcançar tal sucesso no Musée Grévin, Reynaud trabalhou e pesquisou por vários anos. Em 1876 ele apresentou à comunidade científica o praxinoscópio, um invento que consistia numa sucessão de espelhos posicionados num tambor rotativo, de modo a refletir os desenhos previamente pintados em cartões, provocando assim a sensação de movimento. Dois anos mais tarde, a invenção foi aperfeiçoada para que permitisse a projeção dos desenhos numa tela, e não apenas sua observação individual. Em 1888, Reynaud abandonou o sistema de espelhos e passou a pintar os desenhos diretamente sobre uma película de celuloide perfurada, uma técnica artesanal que Norman McLaren retomaria quase um século depois, em seus desenhos animados experimentais. As películas perfuradas de Reynaud tinham, naquela época, um tamanho muito similar aos atuais 35 milímetros.

As sessões do Théâtre Optique no Musée Grévin fizeram sucesso durante oito anos, saindo de cartaz em 1900, quando o cinematógrafo dos irmãos Lumière já era uma realidade inquestionável e não deixava espaço para as técnicas menos aprimoradas como a de Reynaud. Dez anos mais tarde, falido, Reynaud, num acesso de raiva, atira seu equipamento e a maioria dos seus filmes no rio Sena, vindo a falecer oito anos depois, em 1918, na total miséria.

## EASTMAN, O DONO DO FILME

Franceses e norte-americanos podem discordar quanto ao país inventor do cinema, mas o mundo inteiro concorda que o filme, tal como o conhecemos atualmente, nasceu nos Estados Unidos. Mais precisamente pelas mãos de George Eastman, um nome até hoje conhecido por quem trabalha com cinema e fotografia. Nascido em 12 de julho de 1854 em Waterville, no estado de Nova York Eastman era um fotógrafo amador que tinha a habilidade específica de desenvolver novas técnicas e fórmulas químicas para a revelação e ampliação de fotografias.

A partir de 1884 ele foi o grande responsável pela introdução do filme em rolo de papel quimicamente sensibilizável na atividade fotográfica, substituindo as trabalhosas chapas individuais. A troca das chapas pelos rolos diminuiu sensivelmente o tamanho das câmeras, popularizando seu manuseio. Foi Eastman também o responsável pela difusão de um novo tipo de câmera fotográfica, bem menor, mais fácil de ser operada e mais barata que as demais: o modelo Number 1 Kodak, que colocou a fotografia ao alcance de todos. Mas foi apenas em 1889 que ele inventou o filme propriamente dito, ou seja, uma película de celuloide – e não mais de papel – com 35 milímetros de largura, sensível à luz e perfurada dos dois lados, para que seja tracionada. E foi essa película – originalmente criada para servir à indústria fotográfica – que Dickson e Edison utilizaram para viabilizar o cinetoscópio.

Essa pequena fita de celuloide fez de Eastman um homem bastante rico. Durante sua vida, ele destinou boa parte de sua fortuna a atividades filantrópicas, sempre apoiando trabalhos nas áreas de pesquisa, cultura e saúde pública. Uma saúde que ele mesmo não tinha: aos 78 anos, acometido de uma longa e incurável enfermidade, George Eastman se suicidou. Mas até hoje a

George Eastman (à esquerda) ao lado de Edison, em Rochester, Nova York. A foto é de 1929.

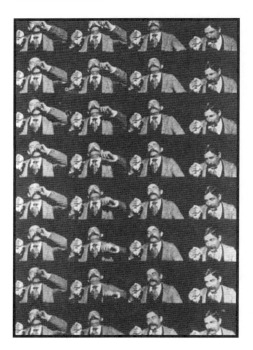

Em 1894, Edison registrou um espirro em filme de 35 mm.

George Eastman House, em Rochester, no estado de Nova York, funciona como um centro cultural que estimula a pesquisa nas áreas de fotografia e cinema. E também até hoje o formato de 35 milímetros é o mais utilizado pelos produtores de cinema profissional no mundo inteiro.

*Vocês ainda não ouviram nada*

Isso não significa que não surgiram outras bitolas no decorrer do tempo. Muito pelo contrário: contabilizam-se mais de quarenta diferentes larguras de filmes utilizadas desde 1888 até os dias atuais. As primeiras produções atribuídas a Le Prince, em 1888, tinham bitola de cinquenta milímetros. Com a invenção de Eastman, no ano seguinte, tanto Edison quanto os irmãos Lumière desenvolveram seus aparelhos com base nos 35 milímetros, respectivamente em 1891 e 1895. E a partir daí, em ordem cronológica, registram-se as seguintes bitolas utilizadas por várias empresas produtoras pioneiras, na fase muda do cinema:

| BITOLA (milímetros) | EMPRESA | PAÍS | ANO |
| :---: | :---: | :---: | :---: |
| 60 | Demeny | França | 1895 |
| 62 | Biograph | Estados Unidos | 1895 |
| 51 | Latham | Estados Unidos | 1895 |
| 70 | Birt Acres | Inglaterra | 1896 |
| 73 | Biograph | Inglaterra | 1897 |
| 63 | Veriscope | Estados Unidos | 1897 |
| 17,5 | Birtac | Inglaterra | 1898 |
| 68 | Biograph | Estados Unidos | 1898 |
| 15 | Gaumont | França | 1900 |
| 75 | Lumière | França | 1900 |
| 38 | Lee & Turner | Inglaterra | 1901 |
| 55 | Prestwich | Inglaterra | 1902 |
| 11 | Duplex | Estados Unidos | 1903 |
| 22 | Edison | Estados Unidos | 1905 |
| 25,4 | Kinora | Inglaterra | 1908 |
| 30 | – | França | 1910 |
| 28 | Pathé | França | 1912 |
| 17 | Pathé | Espanha | 1920 |
| 20 | Mirographe | França | 1920 |
| 26 | Cinelux | França | 1920 |
| 32 | Vincennes | França | 1920 |
| 9,5 | Pathé | França | 1922 |
| 16 | Eastman Kodak | Estados Unidos | 1923 |
| 18 | – | União Soviética | 1925 |
| 24 | Societé d'Exploitations et de Productions Cinematographiques | França | 1925 |

# LUMIÈRE – FINALMENTE, O CINEMA

Polêmicas autorais à parte, o ano de 1895 é tido como o marco zero da história do cinema. No mês de fevereiro, o inventor e fotógrafo Acme Le Roy (que apesar do nome era norte-americano, do Kentucky), juntamente com seu colega francês Eugène Lauste, consegue realizar uma precária projeção de imagens para uma pequena plateia de pesquisadores nos Estados Unidos.

Da mesma forma, William Kennedy Laurie Dickson – o ex-assistente de Edison – e o major norte-americano Woodville Latham desenvolveram um sistema de filmagem e projeção chamado Panopticom e o exibiram no número 153 da Broadway, em Nova York, no dia 20 de maio. Como Dickson e Latham venderam ingressos para mostrar a invenção, ambos entraram para a história como os responsáveis pela primeira exibição paga de um filme. Seu título era *Young Griffo versus Battling Charles Barnett*, uma rápida historinha de apenas quatro minutos tendo o boxe como tema. O projetor era um primitivo modelo batizado de Eidoloscope, que a Lambda Company, empresa de Latham, encomendou a Eugène Lauste. A Lambda guarda ainda outro pioneirismo: trata-se da primeira empresa fundada especificamente com o objetivo de ser uma companhia cinematográfica.

Dois meses mais tarde, chega a vez de mais dois norte-americanos, Thomas Armat e Charles Francis Jenkins, que mostram seu sistema Phantascope na Cotton States Exposition de Atlanta, também nos Estados Unidos. A exibição em si não trouxe grandes novidades, mas chamou a atenção de Thomas Edison, que na época não estava obtendo sucesso no desenvolvimento de

Auguste e Louis Lumière, os inventores oficiais do cinema.

um sistema de projeção de filmes eficiente. Assistindo aos resultados obtidos pelo Phantascope, Edison ficou entusiasmado e se associou a Armat para a produção de um sistema mais evoluído, que posteriormente foi chamado de Vitascope de Edison. "Permiti que a nossa invenção levasse o nome de Edison em razão do prestígio e da publicidade", afirmou Armat, na época.

No mês de outubro, em Berlim, o alemão Ottomar Anschütz também coloca em ação um sistema pouco satisfatório de projeção de imagens em movimento. E na mesma cidade, no dia 1º de novembro, seus compatriotas Max e Emil Skladanowsky mostram aos germânicos os resultados de sua mais recente invenção: o Bioskop. No programa, oito filmes curtos entretiveram a plateia presente no Berlin Wintergarten.

Contudo, a história foi implacável para esses pioneiros. Acme Le Roy, nome profissional de Jean-Aimé Le Roy, nunca chegou a atuar na indústria cinematográfica. Tampouco Woodville Latham, que faleceu em 1911, aos 73 anos, logo nos primeiros tempos do cinema. Eugène Lauste deu sua contribuição à indústria, mas sempre como funcionário: trabalhou para Edison, foi assistente de Dickson e transferiu-se posteriormente para a American Mutoscope and Biograph Company. Chegou a realizar experimentos com filmes

A saída de funcionários das fábricas Lumière foi o tema de um dos primeiros filmes da história.

sonoros em 1904, mas seus sistemas não obtiveram sucesso na época. Morreu em 1935, aos 78 anos. Thomas Armat, após se associar a Edison para o desenvolvimento do Vitascope de Edison, acabou se desentendendo com ele e processando-o por roubo de direitos autorais. Nunca chegou a se destacar no setor de cinema, e faleceu em 1948, aos 81 anos. Charles Francis Jenkins teve mais sorte ao canalizar seus talentos inventivos para outras ramificações tecnológicas. Tornou-se figura importante no desenvolvimento da radiofotografia e até da televisão. Foi o fundador e primeiro presidente da Society of Motion Pictures Engineers. Morreu em 1934, aos 66 anos e com mais de quatrocentas patentes registradas. O fotógrafo alemão Ottomar Anschütz jamais obteve sucesso com seus primitivos sistemas Tachyscope e Electrotachyscope, vindo a falecer em 1907, aos 61 anos, sem prestar contribuição significativa à indústria cinematográfica. Os irmãos Max e Emil Skladanowsky são até hoje considerados por muitos alemães os verdadeiros inventores do cinema, sob a alegação de que o Bioskop seria anterior ao cinematógrafo dos Lumière. Mas apenas os germânicos defendem essa tese, mesmo porque Max e Emil não levaram sua invenção adiante e jamais se destacaram na atividade cinematográfica. Max faleceu em 1939, aos 76 anos, e Emil em 1945, aos 79.

Já a participação de William Dickson foi bem mais significativa que a de seus colegas pioneiros. Após deixar Edison (para quem desenvolveu importantes inovações, incluindo os revolucionários estúdios Black Maria), ele trabalhou para Latham e para a American Mutoscope and Biograph Company e retornou à Europa como correspondente da Biograph. Escreveu os livros *The Life and Inventions of Thomas Alva Edison* e *History of the Kinetograph, Kinetoscope, and Kinetophonograph*. Faleceu em 1935, aos 75 anos de idade.

Porém, em meio a tantas iniciativas pioneiras, um fato é inegável: quando se fala no cinema como invenção, o nome aceito praticamente por unanimidade é mesmo o dos irmãos Lumière. Auguste e Louis eram filhos de Antoine Lumière, um humilde pintor de letreiros que resolveu trocar sua profissão pela de fotógrafo. Na movimentada Rue de la Barre, na cidade francesa de Lyon, Antoine sustentava a família com seu pequeno estúdio fotográfico, chegando a tirar duzentos retratos por dia, em períodos de maior movimento. Estava longe de ser um gênio das finanças, e tinha uma irresistível tendência a gastar mais do que ganhava. Mas era uma pessoa inventiva, qualidade que sem dúvida foi passada para os filhos.

O pequeno estúdio ganhou um grande impulso financeiro quando o jovem Louis, então com apenas 17 anos, conseguiu desenvolver um método próprio para a fabricação de chapas secas para fotografia, em substituição às trabalhosas chapas de colódio úmido. O gradativo aperfeiçoamento da invenção transformou a inexpressiva empresa familiar dos Lumière na pomposa Société Anonyme des Plaques et Papiers Photographiques A. Lumière et ses Fils, cujo faturamento anual de 295 mil francos, contabilizado em 1886, multiplicou-se por quatro no curto período de cinco anos. A empresa se expandia rapidamente, e por mais que o patriarca Antoine se esforçasse em gastar seus dividendos, os irmãos Louis e Auguste continuavam administrando o negócio com precisão, ampliando suas atividades para os setores químico, vítreo e papeleiro.

Em 1894, os já menos jovens (porém mais ricos) irmãos Lumière tiveram sua capacidade criativa e administrativa desafiada por um novo invento: o cinetoscópio de Thomas Edison, que chegava a Paris para uma exibição. Os irmãos logo visualizaram as vantagens e os defeitos do aparelho, e, como homens de visão empresarial, perceberam que poderiam alcançar algum sucesso se conseguissem que as imagens em movimento fossem vistas por uma grande plateia ao mesmo tempo. Dedicaram-se então a fazer que tais imagens pudessem ser projetadas e após vários testes requereram, em 13 de fevereiro de 1895, a patente daquilo que eles batizaram de cinematógrafo.

*Vocês ainda não ouviram nada*

Desenvolvido sob encomenda pelo engenheiro parisiense Jules Carpentier, o cinematógrafo era uma caixa de madeira equipada com uma lente em sua parte dianteira e uma pequena manivela do lado direito. À primeira vista, pouco diferia de outros sistemas de filmagem desenvolvidos até aquele momento, mas uma análise mais detalhada revela características próprias muito mais modernas que as de seus concorrentes, apresentando fatores que foram decisivos para seu sucesso. Uma grande vantagem do cinematógrafo encomendado pelos Lumière em comparação ao cinetoscópio de Edison era o seu peso: apenas 4,5 quilos. A mesma caixa de madeira – leve e compacta – funcionava, ao mesmo tempo, como filmadora, copiadora e projetor. Equipado com lentes de filmagem (com distância focal de aproximadamente uma polegada [25 milímetros], para dar a mesma perspectiva do olho humano), o cinematógrafo registrava as imagens na película virgem. Dentro da própria caixa era possível tirar cópias dos filmes, o que transformava o invento numa espécie de minilaboratório portátil. Além disso, trocando-se as lentes e colocando-se um arco voltaico em sua parte traseira, o cinematógrafo transformava-se num projetor.

Comercialmente, tratava-se de um verdadeiro achado, pois permitia que uma única pessoa filmasse, revelasse e projetasse os filmes, o que facilitou sua rápida difusão em todo o planeta.

Além de tudo, a qualidade da imagem proporcionada pelo cinematógrafo era muito superior à do cinetoscópio. Com a nova invenção desenvolvida e aprimorada, em 22 de março de 1895, diante de entusiasmados membros da Société d'Encouragement pour l'Industrie Nationale, no número 44 da Rue de Rennes, em Paris, realizou-se aquela que é considerada a primeira projeção pública de um filme na história do cinema. O "programa" em cartaz era *La Sortie des Usines Lumière*, composto de oitocentos fotogramas que proporcionavam cinquenta segundos de imagens. O tema correspondia exatamente ao que diz o título do filme: a saída dos funcionários da fábrica dos Lumière. Estática, a câmera foi postada diante do portão principal da fábrica, na hora da pausa para o almoço dos empregados, registrando assim a movimentação. Um único plano, uma única cena, um único enquadramento. A velocidade do filme era de aproximadamente quinze quadros por segundo, dependendo da maior ou menor agilidade da mão de Louis ao girar a manivela. Em 10 de junho, o cinematógrafo foi exibido numa convenção de fotógrafos em Lyon, desta vez já com oito filmes no programa.

Estava tudo pronto para a histórica data de 28 de dezembro de 1895. O endereço era o Salão Indiano, no subsolo do Grand Café (Boulevard des Capucines, número 14), no centro de Paris. A sessão durava vinte minutos

*L'Arrouser Arrosé*: piada filmada.

e custava um franco por pessoa. A lotação era de cem lugares. Oficialmente, estava "inventado" o cinema. Pelo menos para a grande maioria dos pesquisadores e historiadores, que consideram esse dia a data comemorativa do nascimento dessa nova linguagem. Um grupo menor de autores norte-americanos insiste em atribuir a Thomas Edison, com seu cinetoscópio, a invenção do cinema. A paternidade francesa é a mais reconhecida mundialmente, porque o cinematógrafo, se comparado ao Panopticom, ao Phantascope, ao Bioskop ou a qualquer outro sistema inventado até então – incluindo o cinetoscópio –, era, sem dúvida, muito superior. O Bioskop, por exemplo, projetava imagens a apenas oito quadros por segundo, comprometendo bastante o resultado final obtido. Vários outros inventos similares eram precários quanto à nitidez da imagem, velocidade da projeção, luminosidade e ao tamanho do filme projetado.

Na realidade, como prósperos empresários, os Lumière conheciam muito bem a importância do marketing, mesmo numa época em que esse termo ainda não era usado. Por isso, a exibição pública em Paris era uma condição fundamental para o sucesso do novo produto. Os demais cientistas, pesquisadores e inventores, além de terem em mãos inventos de qualidade inferior, ainda cometeram o erro de restringir suas projeções à comunidade científica, esquecendo-se do público e da repercussão que ele poderia proporcionar. Daí a grande relevância da reação da plateia, que, naquele 28

O histórico *L'Arrivée d'un Train*...

de dezembro, se assustou durante a projeção do filme *L'Arrivée d'un Train en Gare de La Ciotat*, o qual mostrava uma locomotiva se aproximando de uma estação ferroviária numa perspectiva que sugeria que a composição "invadiria" a sala de exibição. Consta – embora não tenha sido comprovado – que muita gente chegou a se levantar de suas cadeiras para "fugir" do trem que chegava, uma reação completamente infantil e ingênua para os dias de hoje, mas que serviu para divulgar ainda mais o novo invento naquele final de 1895.

Os Lumière também tinham uma visão diferente dos demais inventores de sua época. Para eles, a projeção de imagens em movimento numa tela para muitas pessoas era uma atividade diretamente ligada ao ramo do entretenimento, da diversão, enquanto vários outros pesquisadores estavam mais preocupados com seu aspecto técnico e científico.

Com o sucesso, cinegrafistas que trabalhavam para os Lumière passaram a divulgar a novidade em todo o mundo. Comerciantes que eram, os irmãos conheciam muito bem a necessidade de expandir as fronteiras do novo invento para além da França, e logo trataram de enviar verdadeiros "representantes de vendas" a todos os continentes.

Tais representantes ou cinegrafistas eram treinados por Alexander Promio, funcionário das indústrias Lumière e considerado um dos primeiros operadores de câmera da história.

A ideia era simples: fazer que o maior número de pessoas possível se encantasse com as imagens em movimento. Qualquer um, em qualquer canto do planeta, que se dispusesse a adquirir essa pequena máquina milagrosa teria a chance de se transformar rapidamente num empresário do entretenimento.

Décadas antes da popularização do conceito de *franchising*, os astutos irmãos já conheciam sua importância e se negavam a simplesmente vender os equipamentos e os filmes prontos. Eles forneciam apenas concessões aos empresários locais, que se comprometiam a utilizar os operadores, as câmeras e os filmes dos Lumière. A bilheteria arrecadada era dividida em duas partes: metade ia para o "franqueado", metade para o "franqueador". O catálogo de filmes oferecidos era bastante vasto, com aproximadamente 2 mil títulos somente nos primeiros dezoito meses de operação. Ao "franqueado" também era permitido produzir seus próprios filmes, mantendo-se o acordo de divisão da bilheteria.

Tal sistema funcionou até 1897, quando a política norte-americana começou a pressionar os industriais franceses. Naquele ano, William McKinley concorria à presidência dos Estados Unidos, e seu irmão era produtor de cinema. Visando favorecer os negócios da família, o candidato levantou a bandeira "A América para os americanos" e conseguiu a aprovação de restrições alfandegárias ao produto estrangeiro. Desencadeou-se uma verdadeira caçada policial com o intuito de apreender aparelhos franceses e lutar contra o sistema de concessões, de modo que os Lumière se viram obrigados a abrir mão da "franquia", passando a vender os equipamentos.

Assim, fica claro que os concorrentes dos Lumière não permaneceram passivos, apreciando o sucesso dos irmãos franceses, e se esforçaram para também tentar obter fatias desse novo mercado que surgia. Vários sistemas de captação e projeção de imagens foram sendo desenvolvidos por diversos pesquisadores no mundo inteiro, tanto que o historiador francês Georges Sadoul chega a afirmar que, no final de 1896 – ou seja, apenas um ano após a histórica exibição no Boulevard des Capucines –, as novas marcas de câmeras e projetores registradas já eram "centenas". Dessa forma, o cinema se difundiu rapidamente, chegando em questão de meses a pontos tão distantes de Paris como Austrália e Índia.

Na luta pelo pioneirismo, a França sai na frente, com a exibição científica dos Lumière ocorrida em 22 de março de 1895. Porém, menos de dois meses depois, tem lugar nos Estados Unidos a já citada primeira projeção paga de um filme na história, realizada por Woodville Latham.

No resto do mundo, as primeiras exibições pagas registradas pela história são listadas a seguir.

*Vocês ainda não ouviram nada*

Em 1895:

- 1º de novembro – Alemanha: Max e Emil Skladanowsky exibem oito filmes curtos no Berlin Wintergarten. O projetor era de fabricação dos próprios irmãos, e a imagem era trêmula e pouco nítida.
- 28 de dezembro – França: Ocorre a famosa projeção dos irmãos Lumière no Grand Café do Boulevard des Capucines. Nem Louis nem Auguste estavam presentes.

Em 1896:

- Fevereiro – Itália: Vittorio Calcina apresenta filmes dos Lumière no Ospedale di Carità, em Turim.
- 20 de fevereiro – Inglaterra: Filmes dos Lumière são exibidos pelo mágico francês Félicien Trewey na Politécnica da Regent Street. O ingresso cobrado era de um xelim. Em 14 de janeiro, também na Inglaterra, foram mostrados seis filmes de Birt Acres (*Opening of the Kiel Canal, The Derby, The Oxford and Cambridge University Boat Race, Skirt Dancers, Boxing Match e Rough Sea at Dover*) na sede londrina da Royal Photographic Society, no número 14 da Hanover Square, mas sem a cobrança de ingressos. Existe ainda registro de uma exibição paga realizada em 18 de outubro de 1894, no número 70 da Oxford Street, mas, como os filmes foram apresentados por meio de cinetoscópio, o evento não é considerado projeção e sim observação individual.
- 1º de março – Bélgica: O cinematógrafo dos Lumière chega ao público do país, com exibições no número 7 da Galerie du Roi, em Bruxelas.
- 19 de março – Áustria: E. J. Dupont mostra filmes dos Lumière no Centro de Pesquisa e Ensino de Artes Gráficas, em Viena.
- 6 de abril – Noruega: Filmes dos irmãos Skladanowsky são apresentados no Circo de Variedades de Oslo.
- 20 de abril – Irlanda: Programa não identificado é exibido no Star of Erin Variety Theatre, em Dublin.
- 4 de maio – Rússia: Filmes dos Lumière são apresentados por Francis Doublier no Teatro Aquarium, em São Petersburgo.
- 6 de maio – África do Sul: Filmes de R. W. Paul são exibidos no Empire Theatre of Varieties, em Joanesburgo. No programa, *Highland Dances, Street Scenes in London, Trilby Dance, Military Parade, Soldier's Courtship.*
- 10 de maio – Hungria: Filmes dos Lumière são apresentados no Royal Hotel, em Budapeste.

- 15 de maio – Espanha: Filmes dos Lumière são apresentados por Promio no número 34 da Carrera de San Jerónimo, em Madri.
- 27 de maio – Romênia: Filmes dos Lumière são exibidos no Salon L'Independentia Romana, em Bucareste.
- 7 de junho – Dinamarca: Filmes dos Lumière são apresentados por Vilhelm Pacht em Raadhuspladsen, Copenhague.
- 7 de junho – Sérvia: Filmes dos Lumière são mostrados no Kod Zlatnog Krsta Cafe, em Belgrado.
- 18 de junho – Portugal: Filmes provavelmente dos Lumière (não existe confirmação) são apresentados por Edwin Rousby no Real Coliseu, na Rua da Palma, em Lisboa.
- 28 de junho – Finlândia: Filmes dos Lumière são exibidos no Societetshuset, em Helsinque.
- 28 de junho – Suécia: Filmes dos Lumière são apresentados por C. V. Roikjer na Feira Industrial de Malmö.
- 7 de julho – Índia: Filmes dos Lumière são mostrados no Watson's Hotel, em Bombaim.
- 8 de julho – Brasil: Apresentação do omniógrafo, na Rua do Ouvidor, no Rio de Janeiro.
- 15 de julho – atual República Tcheca: Filmes dos Lumière são exibidos no Lazensky Dum, em Karlovy Vary.
- 21 de julho – Canadá: Filmes do Vitascope de Edison são apresentados no West End Park, em Ottawa.
- 28 de julho – Argentina: Francisco Pastos e Eustaquio Pellier exibem filmes dos Lumière no Teatro Colón, em Buenos Aires.
- 11 de agosto – China: Vários filmes franceses não identificados são apresentados no Hsu Gardens, em Xangai.
- 15 de agosto – México: O estudante de engenharia Salvador Toscano Barragán mostra filmes dos Lumière no número 17 da Calle de Jesús, na Cidade do México.
- 22 de agosto – Austrália: Filmes de R. W. Paul são apresentados por Carl Hertz no Melbourne Opera House.
- 26 de setembro – Guatemala: Arnold Tobler mostra filmes dos Lumière no número 11 do Pasaje Aycinema, na Cidade da Guatemala.
- Outubro – Polônia: Filmes de Edison são exibidos em Lvov (que hoje pertence à Ucrânia).
- 13 de outubro – Nova Zelândia: Filmes ingleses, provavelmente de R. W. Paul, são mostrados no Auckland Opera House.

*Vocês ainda não ouviram nada*

- Data desconhecida – Egito: Programa não identificado é exibido no Zavani Café, em Alexandria.

Em 1897, mais oito países ingressaram no "clube" do cinema:

- 2 de janeiro – Peru: Filmes do Vitascope de Edison são mostrados na Plaza de Armas, em Lima.
- 24 de janeiro – Cuba: Gabriel Veyre mostra filmes dos Lumière no Teatro Tacón, em Havana.
- 28 de janeiro – Venezuela: O Teatro Baralt, de Maracaibo, é palco para a apresentação de filmes de Edison, que ocorreu por intermédio de Manuel Trujillo.
- Entre fevereiro e março – Bulgária: Filmes dos Lumière são apresentados na cidade de Russe.
- Junho – Japão: Katsutaro Inahata mostra os filmes dos Lumière em Osaka.
- 10 de junho – Tailândia: S. G. Marchovsky apresenta filmes dos Lumière em Bangcoc.
- 25 de dezembro – Uruguai: O programa novamente é constituído pelas fitas dos irmãos Lumière, agora em Montevidéu.
- Data desconhecida – Tunísia: Filmes dos Lumière são exibidos na rua Es-Sadika, em Túnis.

Em 1898, os gregos conhecem o cinematógrafo e os filmes dos Lumière por meio de uma exibição na Place Kolokotronis, em Atenas. No ano seguinte chega a vez da Turquia, com uma projeção no Electric Circus de Constantinopla (atual Istambul). E em 1900, Indonésia, Senegal e Coreia tomam contato com as fantásticas imagens em movimento. A experiência coreana, aliás, é digna de nota, com a projeção sendo patrocinada pela Anglo-American Tobacco Company de Xangai, que permitia a entrada franca do público, desde que cada um entregasse, na bilheteria, uma embalagem vazia de uma marca de cigarros fabricados por ela.

No mesmo ano de 1900, o xá do Irã assiste a uma exibição privada de filmes no Palácio Real, mas somente quatro anos mais tarde o público iraniano teria acesso à novidade, mediante uma projeção na avenida Cheraq Gaz, em Teerã.

O cinema estava inventado como técnica, mas não como linguagem. Ou seja: já era tecnicamente possível registrar imagens em movimento e exibi-las para o mundo inteiro, mas ainda não havia sido desenvolvida uma linguagem específica para essa nova descoberta. Os primeiros filmes saídos das Indústrias Lumière nada mais eram que fotografias ou cartuns animados. Tinham em torno de um minuto de duração e eram puramente demonstrativos. Seus títulos mostram bem isso. Por exemplo, *Démolition d'un Mur* nada mais é que o registro da demolição de um muro da fábrica dos Lumière. E *Le Déjeuner de Bébé* mostra um simpático bebê almoçando, entre seus pais (o "papai", aliás, é o próprio Auguste Lumière).

Os cinegrafistas que trabalhavam para os Lumière se limitavam a plantar a câmera em algum lugar supostamente interessante e rodar a manivela durante um minuto, nada mais. A câmera não experimentava nenhum tipo de movimento. Por isso, esses primeiros filmes geralmente mostravam pessoas, carros, trens, bondes ou até mesmo animais passando diante das lentes. Com a impossibilidade de fazer que a câmera se movimentasse, o ideal era procurar assuntos que desfilassem à frente dela, evitando, assim, que o filme ficasse monótono demais. Naqueles primeiros meses de cinematógrafo, o que valia mesmo era a novidade técnica, e não seu eventual conteúdo.

Os primeiros filmes rodados por meio do invento dos Lumière eram extremamente similares entre si, exibindo vistas de trens chegando e partindo de várias plataformas do mundo, pessoas caminhado para lá e para cá em diversas cidades do planeta, ou barcos navegando por todos os mares onde estivesse presente um representante das Indústrias Lumière. Com o domínio da técnica, timidamente passaram a ser produzidos alguns filmetes contendo ideias simples ou tentando contar breves histórias. É o caso, por exemplo, de *L'Arroseur Arrosè*, em que um garoto pisa numa mangueira de jardim, represando a água, para depois soltá-la de uma vez no rosto do incauto jardineiro. Nada mais do que um conhecido cartum dos periódicos da época transformado em ação filmada. De jornais cômicos saíram também as ideias para os filmes *Photographe* (interpretado pelo próprio Auguste Lumière), *Le Faux Cul-de-Jatte* (um precursor das comédias de perseguição) e *La Charcuterie Mécanique*, mostrando uma máquina na qual os porcos entram de um lado e do outro saem salsichas prontas.

Uma das publicações mais utilizadas pelos irmãos Lumière como fonte de inspiração para seus filmes era *Histoires sans Paroles*, título sugestivo para quem também contava "histórias sem palavras".

Assim como os cartuns, os filmes eram extremamente simples: bastante curtos e rápidos, a maioria era rodada em um único plano, com a câmera quase sempre imóvel – não por alguma impossibilidade técnica ou mecânica, nada disso. O motivo dessa falta de dinamismo era muito mais prosaico:

simplesmente ninguém havia pensado na possibilidade de movimentar o cinematógrafo em relação ao seu eixo. Tanto que a história registra o nome do francês Alexandre Promio – cinegrafista-chefe da empresa dos irmãos Lumière – como sendo o "inventor" do *travelling*. E por absoluta casualidade. Em 1896, Promio filmava na cidade de Veneza, encarregado de divulgar o cinematógrafo na Itália, quando teve a ideia de fazer uma tomada enquanto navegava em uma gôndola. O resultado foi surpreendente para a época: a câmera, colocada dentro da gôndola em movimento, registrou imagens inéditas de ruas "movimentando-se" diante das lentes, posto que a câmera estava fixa em relação ao barco, mas se movendo em relação às casas. Então surgiu o *travelling*.

Hoje a "descoberta" parece infantil, mas, desde essa histórica filmagem em Veneza, os filmes dos Lumière passaram a usar e abusar do *travelling*. Qualquer meio de transporte era utilizado para obter o efeito, desde barcos e trens até funiculares e mesmo o elevador da Torre Eiffel. Como se pode perceber, a câmera, a rigor, continuava fixa, mas agora a bordo de algo que se movesse.

Se o primeiro *travelling* a gente nunca esquece, a primeira montagem também ficou registrada: quatro filmetes de apenas um minuto de duração cada (*Sortie de la Pompe, Mise en Batterie, Attaque du Feu* e *Sauvetage*), todos rodados em 1895 e todos mostrando aspectos da vida dos bombeiros parisienses, foram montados em sequência no ano seguinte, contando a história de um salvamento realizado durante um incêndio.

No caso, a montagem foi apenas a justaposição dos quatro episódios filmados previamente, episódios estes que só não foram exibidos juntos em ocasiões anteriores porque somente em 1896 foi desenvolvido um projetor com capacidade para rolos maiores de filme. Naquele mesmo ano, Francis Doublier e Charles Moisson – cinegrafistas da empresa dos Lumière – realizam a montagem de doze rolos para concluir a reportagem filmada *Le Couronnement du Tsar Nicolas II*. Na época, editar os filmes tinha como finalidade simplesmente dar-lhes uma sequência lógica, eliminando as pontas veladas e justapondo as cenas de maneira que fossem compreendidas pelo público. A montagem com intenções dramáticas ainda estava por nascer.

Outras novidades foram incorporadas aos filmes das Indústrias Lumière, como, por exemplo, a encenação ao ar livre, com cenários, figurantes e figurinos, de cenas militares ou "quadros vivos", a exemplo dos encontrados nas antigas lanternas mágicas chinesas. Data de 1897, por exemplo, *Vues Représentant la Vie et la Passion de Jésus-Christ*, uma espécie de via-sacra filmada em treze rolos, somando aproximadamente quinze minutos de projeção. Pela

Cena de *Le Déjeuner de Bébé,* de 1895: plano único.

primeira vez o cinema contava uma história relativamente longa: no caso, desde a adoração dos magos até a ressurreição. O sucesso foi tanto que um empresário norte-americano cujo nome a história esqueceu comprou o filme dos Lumière pela significativa quantia de 10 mil dólares, explorando-o comercialmente em capengas salas de exibição nos Estados Unidos. A ideia foi copiada por pelo menos dois cineastas americanos: Hollaman, diretor de um museu de cera, mandou encenar a Paixão de Cristo no saguão de um hotel nova-iorquino e ganhou muito dinheiro vendendo cópias do filme para evangelistas ambulantes; e Sigmund Lubin, alemão radicado nos Estados Unidos, que construiu cenários pintados especialmente para a Paixão mas não teve muito cuidado com os enquadramentos: sobre os cenários, era possível ver curiosos apreciando as filmagens, em edifícios próximos. Como se pode perceber, transpor para a América uma ideia proveniente de filmes europeus é algo muito mais antigo do que *Perfume de Mulher* ou *True Lies* podem nos fazer crer.

Com certeza, as Indústrias Lumière teriam sido pioneiras também em outros aspectos da linguagem cinematográfica caso Louis e Auguste não tivessem reduzido drasticamente o número de filmes produzidos a partir de 1897. Dispostos a apenas explorar comercialmente a fabricação de cinematógrafos e de grande quantidade de películas (que ficavam estocadas), os irmãos despediram muitos funcionários e afastaram-se das filmagens, mantendo em

*Vocês ainda não ouviram nada*

produção apenas alguns documentários de viagens. Na realidade, eles acreditavam que seu invento conseguiria manter aceso o interesse do público somente por mais alguns anos. E tinham motivo para isso: em apenas um ano e meio, a contar da histórica exibição de dezembro de 1895, as imagens em movimento já não conseguiam atrair o público como antes. Alguns projecionistas mais criativos já estavam até exibindo os filmes em velocidades alteradas ou mesmo de trás para a frente, na tentativa de oferecer ao espectador alguma novidade. Ingenuamente, os dois irmãos acreditaram que o cinematógrafo já havia se esgotado, quando na realidade o problema estava nos filmes, e não no invento.

Naquela efervescente virada de século, repleta de novidades, as pessoas não demonstravam mais interesse em ver trens, barcos, automóveis ou o que quer que fosse desfilando pelas pequenas telas das saletas de exibição da época. Ou em assistir a encenações de velhas piadas já conhecidas dos jornais. O cinematógrafo ainda não havia completado dois anos de vida e já corria o risco de entrar para a história apenas como mais um modismo passageiro. Após a Feira Mundial de Paris, em 1900, os Lumière abandonaram os filmes, voltando a se dedicar à indústria da fotografia. O cinema lhes rendeu fortuna, fama e longevidade. Louis morreu em 1948, aos 83 anos, e Auguste em 1962, aos 91.

# MÉLIÈS – O INÍCIO DO SHOW

A injeção de ânimo que o cinema precisava receber para que os filmes deixassem de ser simples cartões-postais animados foi aplicada por um outro francês – Georges Méliès –, responsável direto por algumas das mais importantes transformações da atividade. Foi por intermédio da câmera de Méliès que os filmes evoluíram de uma mera invenção tecnológica para o status de linguagem artística.

Nascido em Paris em 8 de dezembro de 1861, Georges Méliès desde cedo resistiu à ideia de se tornar um industrial do ramo de sapatos, como seu pai. Com forte inclinação para as artes, estudou desenho, escultura, pintura e manipulação de bonecos e marionetes. Após servir o Exército, matriculou--se na École des Beaux-Arts, apesar da forte oposição da família. Continuou os estudos em Londres e depois regressou a Paris, onde começou a trabalhar como ilusionista, ao mesmo tempo que desenhava caricaturas para uma publicação de humor, sob o pseudônimo de Geo Smile. Mas as pressões da família eram cada vez maiores, e a aposentadoria de seu pai obrigou Georges – ao lado do irmão Gaston – a assumir a indústria de calçados.

Em 1888, porém, uma proposta irrecusável fez que Georges vendesse a Gaston sua parte nos negócios e seguisse finalmente seu caminho artístico: a viúva do legendário mágico ilusionista Jean-Eugène Robert-Houdin colocara à venda o famoso teatro Robert-Houdin, e essa chance Georges não poderia perder. Robert-Houdin – que não deve ser confundido com Harry Houdini, mágico húngaro que fez muito sucesso no *show business* americano – havia

Bastidores de *Viagem à Lua*: cenários, figurinos e efeitos especiais.

sido um verdadeiro mito em seu tempo, encantando plateias com suas mágicas e truques. Ter acesso ao seu teatro e talvez até aos seus segredos era uma possibilidade que fascinava Georges Méliès, então com 27 anos. Assim, o ex-executivo de uma próspera indústria de calçados comprou da viúva todas as instalações do teatro e, durante sete anos, obteve certa fama e dinheiro com shows de magia e ilusionismo.

Méliès poderia ter passado o resto de sua vida vivendo da mágica, mas sua curiosidade e sua inquietação artística fizeram que ele estivesse no lugar certo no dia exato: como não poderia deixar de ser, o irrequieto "herdeiro" de Houdin estava presente no histórico Grand Café de Paris, no não menos histórico dia 28 de dezembro de 1895. E ficou absolutamente maravilhado com aquelas trêmulas imagens em movimento geradas pelos Lumière. Naquela noite, ele chegou a conversar com Antoine Lumière, pedindo que ele lhe vendesse um exemplar do aparelho, mas – temendo uma provável concorrência dentro de Paris – Antoine recusou. Méliès então viajou até Londres, onde comprou um projetor Bioscope de Robert W. Paul e uma série de filmetes feitos para serem exibidos nos cinetoscópios de Edison. Sem perder tempo, em 4 de abril de 1896 incorporou curtas projeções cinematográficas aos seus shows de magia. Pouco depois, projetou e construiu seu próprio modelo de câmera, comprou uma grande quantidade de filmes virgens e passou a rodar suas produções sob a orgulhosa chancela de Star Film, plagiando descaradamente os temas dos Lumière (incluindo a chegada de um trem a uma estação e a saída dos operários de uma fábrica).

*Vocês ainda não ouviram nada*

*Les 400 Farces du Diable,* de 1906.

Durante aquele ano, Méliès rodou 78 pequenos filmes (com média de vinte metros cada), e apenas um deles é digno de registro: *Escamotage d'une Dame au Théâtre Robert-Houdin*. A princípio, o filme mostra apenas um breve show de mágica, em que uma mulher desaparece sob um manto, mas historicamente *Escamotage*... é considerado o primeiro trabalho a utilizar o recurso do *stop-motion*, inventado pelo próprio Méliès, por acaso. Enquanto operava sua filmadora pelas ruas de Paris, a manivela emperrou por alguns segundos, retomando seu movimento normal logo em seguida. Na hora da revelação, Méliès se surpreendeu com o efeito inesperadamente obtido: um automóvel comum "se transformou" num carro fúnebre. Com certeza, a manivela parou enquanto o primeiro automóvel era filmado e voltou a funcionar quando o carro fúnebre estava passando, o que criou a ilusão da transformação. Esse princípio extremamente simples – que pode ser detectado, por exemplo, em qualquer episódio de *Jeannie é um Gênio* – foi um verdadeiro achado naquela época, sendo várias vezes repetido – agora de forma proposital – nos filmes de Méliès. É muito provável que esse pequeno problema técnico já tivesse acontecido dezenas de vezes a outros operadores. No entanto, aquilo que os demais tomaram como defeito se constituiu, graças a Méliès, no primeiro "efeito especial" da história do cinema.

Não é difícil perceber que os filmes de Méliès não permaneceriam iguais aos dos Lumière durante muito tempo. Os inventores do cinematógrafo eram basicamente empresários, financistas, enquanto Méliès era um artista muito observador, sempre atento a qualquer possibilidade criativa que os filmes pudessem lhe proporcionar. Assim, em 1897 ele produziu mais 53 filmes curtos, já bem diferentes dos 78 iniciais, que foram marcados pela total influência dos Lumière. No mesmo ano, abandonou os espetáculos de magia e transformou seu teatro em estúdio e sala de projeção, passando a se dedicar exclusivamente ao cinema. Construiu, em Montreuil, o primeiro estúdio cinematográfico da Europa, e foi pioneiro na utilização de luz artificial nas filmagens.

Enquanto Lumière e seus seguidores apresentavam enormes limitações temáticas, filmando trens e bondes, Méliès ousou transpor para a película a clássica história *Cinderela* (1899), e não hesitou em contratar quinhentos figurantes para rodar *Joana d'Arc*, também em 1899. Nos mais diversos aspectos da arte e da linguagem cinematográfica, ele foi um grande inovador, utilizando em suas produções ideias das mais simplórias às mais elaboradas. Em *Visite de l'Épave du Maine* (1898), por exemplo, tentando criar a ilusão de um ambiente submarino, Méliès pintou um cenário aquático, dirigiu seus atores para que eles se movimentassem de forma mais lenta, como se efetivamente estivessem no fundo do mar e – criativamente – posicionou poucos centímetros à frente da lente da câmera um aquário repleto de peixes, que, enquanto nadavam, "passeavam" por todo o quadro filmado, criando assim a sensação desejada. É claro que os peixinhos de aquário, muito mais próximos da lente que os atores, assumiram proporções gigantescas, mas o efeito foi inusitado e bastante satisfatório para a época.

Em 1902, Méliès e o cineasta norte-americano (radicado na Inglaterra) Charles Urban resolveram documentar a coroação do monarca britânico Eduardo VII, mas logo perceberam que a luminosidade da Abadia de Westminster, onde a cerimônia seria realizada, era insuficiente para as filmagens. Decidiram então misturar realidade e ficção. As cenas externas, mostrando o desfile da carruagem real, foram filmadas normalmente. As internas foram reconstituídas de forma detalhada nos estúdios da Star Film, com cenários pintados, figurinos cuidadosamente escolhidos e um empregado de Méliès interpretando o rei. O filme foi lançado sob o título de *Le Sacre d'Edouard VII*, e consta que nem o próprio homenageado percebeu a diferença. Esses pequenos truques – simplesmente geniais para a época – fizeram o sucesso de Méliès. Ainda no início do século XX, ele se antecipou em cinquenta anos aos chamados "filmes B" norte-americanos, realizando *O Homem-Mosca*, em que um homem subia pelas paredes como uma mosca. Também filmou *As Viagens de Gulliver*, *As Aventuras de Robinson Crusoé* (em 25 cenas), *Os Mosqueteiros do Rei*, *Fausto* (20 cenas), *As Mil e Uma Noites* (30 cenas), *A Morte de Júlio César*, *As Aventuras do Barão de Münchausen*, *20.000 Léguas Submarinas* e um profético *Le Tunnel Sous la Manche*, ficção que mostrava o rei da Inglaterra

*Vocês ainda não ouviram nada*

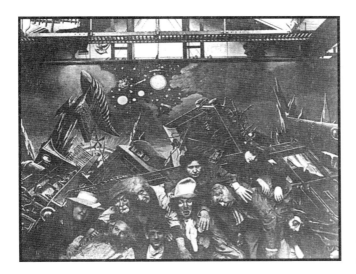

A visão de Méliès para *20.000 Léguas Submarinas*.

*Voyage à Travers l'Impossible*, de 1904.

e o presidente da França unindo esforços para construir um túnel submarino ligando Dover e Calais. Isso em 1907, praticamente noventa anos antes de o Eurotúnel se transformar em realidade.

Méliès fazia as impressionantes cenas de decapitação com tanta perfeição que o governo francês resolveu proibi-las, em 1911. Em 1912, projetou e construiu, utilizando madeira, cordas e um intrincado sistema de roldanas, um enorme ser alienígena que tinha como função aterrorizar os exploradores humanos no filme *A Conquista do Polo*. A grande contribuição de Méliès para a história do cinema relaciona-se ao fato de que ele usou em seus mais de quinhentos filmes tudo que havia aprendido com o teatro e o ilusionismo. Como ninguém, ele filmava personagens, utilizava cenários e figurinos, explorava a iluminação artificial e criava seus "efeitos especiais". A cômica cena em que vemos o "rosto" da Lua sendo atingido por uma cápsula espacial bem no meio do olho direito (*Viagem à Lua*, 1902) é até hoje uma das mais clássicas da história.

Parece inacreditável. O cinema ainda não havia completado sete anos de idade e já exibia nuvens de fumaça, foguetes, viagens interplanetárias e seres lunares sendo exterminados por terráqueos... ainda que os "astronautas" vestissem fraques e cartolas. Por outro lado, o estilo teatral de Méliès era tão marcante que toda a ação era enquadrada como se o espectador estivesse sentado na primeira fila de um teatro, sem closes nem contraplanos. Também era comum em seus filmes que o ator principal saísse dos "bastidores", cumprimentasse uma plateia imaginária e só depois dessa introdução eminentemente teatral iniciasse a ação propriamente dita.

O sucesso de Méliès em todo o mundo foi tão substancial que despertou, na área do cinema, o fenômeno da pirataria. *Viagem à Lua, Cinderela, Cleópatra* e diversas outras produções da Star Film eram ilegalmente copiadas e distribuídas nos Estados Unidos, o que obrigou o cineasta francês a abrir um escritório naquele país, em 1903. Para administrá-lo, ninguém melhor que seu irmão Gaston, agora também um ex-executivo da indústria de calçados. Além de cuidar dos interesses do irmão em relação a direitos autorais e distribuição, Gaston também chegou a produzir filmes na América, inclusive alguns faroestes.

Porém, Méliès só filmou até 1913. Muito artístico e pouco empresarial, ele não percebeu que a atividade cinematográfica estava rapidamente se transformando em indústria, principalmente graças às ações comerciais de seu conterrâneo Charles Pathé. Ele não tinha consciência de que, em 1909, já existiam nos Estados Unidos mais de 10 mil locais de exibição de filmes, e de que o mercado mundial – agora dominado pela Pathé Frères – não mais tinha espaço para produtores artesanais. Em 1915, ele voltou a atuar apenas como mágico e ilusionista em Montreuil, e em 1923 abriu falência. O legendário teatro Robert-Houdin foi demolido naquele mesmo ano, colocando um ponto final em toda uma era romântica de magos-cineastas. Méliès tentou ganhar a vida de diversas formas e caiu no anonimato, até ser encontrado, aos 70 anos

*Vocês ainda não ouviram nada*

Mistinguett (nome artístico de Jeanne Marie Bourgeois, 1874-1956), cantora, dançarina e atriz do Folies Bergère, aparece como figurante em filme de Méliès.

de idade, vendendo doces na estação ferroviária de Paris. Grupos culturais promoveram, então, a revitalização de sua imagem e de sua obra, realizando mostras de filmes e conseguindo do governo francês um apartamento gratuito para que o grande Georges Méliès pudesse passar o resto de seus anos com alguma dignidade.

Faleceu em 1938 e em sua lápide até hoje consta a inscrição: "O pai do espetáculo cinematográfico". O cineasta Georges Franju realizou, em 1952, um curta-metragem intitulado *Le Grand Méliès*, com André Méliès, o filho do "mago", no papel de seu famoso pai.

# PATHÉ – O CINEMA SE TORNA INDÚSTRIA

Nem tanto ao mar nem tanto à terra. Para prosseguir no seu caminho, a atividade cinematográfica necessitava equilibrar o lado empresarial com o artístico. Os irmãos Lumière eram empresariais demais e quase nada artísticos. Já Georges Méliès era exatamente o contrário. E trilhando esses dois caminhos antagônicos, punhados de pequenos produtores espalhados pelo mundo inteiro promoviam – cada um à sua maneira – o desenvolvimento do cinema. Sempre de forma muito artesanal e empírica. Os filmes nada mais eram que uma simples forma de entretenimento que arrastava a população de baixa renda para feiras e exibições públicas. Num início de século marcado pelo desenvolvimento industrial, o cinema corria o risco de perder o bonde da história caso mantivesse essa base artesanal, ficando nas mãos de pequenos produtores que se julgavam "cineastas" apenas por terem acesso a uma câmera rudimentar e a certa quantidade de película virgem. Em outras palavras, o cinema precisava viver sua "Revolução Industrial" para continuar sobrevivendo e para buscar seu lugar como arte, entretenimento e produto cultural. Coube ao francês Charles Pathé empreender essa revolução.

Nascido no dia de Natal de 1863, Pathé era filho de um açougueiro com uma cozinheira, e com apenas 12 anos já trabalhava para ajudar no orçamento familiar. Após o serviço militar, tentou inúmeros empregos (alguns deles na Argentina), sem sucesso. Pouco depois de completar 30 anos, encontrou finalmente seu caminho profissional: comprou um fonógrafo, alguns cilindros de cera (os precursores dos discos) e passou a realizar exibições pagas, em feiras,

*A la Conquête de l'Air,* de 1902, produzido por Pathé e dirigido por Zecca.

da maravilha da tecnologia de então. Entusiasmado com o sucesso alcançado, percebeu que poderia ganhar muito mais dinheiro se, em vez de simplesmente exibir seu fonógrafo, passasse a vender os aparelhos para os demais expositores. Então foi a Londres, adquiriu no atacado certa quantidade das "máquinas falantes de Edison" e começou a revendê-las pelo interior da França. Em poucos meses o negócio prosperou, e Pathé iniciou a comercialização não apenas de fonógrafos e cilindros como também de projetores e câmeras de cinema, de acordo com a moda daquele ano (1896). No mesmo ano, associou-se aos seus irmãos Émile, Jacques e Théophile, fundando a Pathé Frères. Jacques e Théophile abandonaram a sociedade em pouco tempo, deixando o negócio apenas para Charles e Émile. Com somente dois anos de vida, o sucesso da Pathé Frères já era suficientemente grande a ponto de chamar a atenção de um engenheiro, inventor e empresário de nome Claude Grivolas, que se associou aos irmãos injetando a generosa quantia de 1 milhão de francos na empresa. Com o capital, a Pathé abriu uma fábrica de gravação e reprodução de rolos e intensificou a atividade preferida de Charles: a produção de filmes. Isso se comprovou quando, em 1901, Charles colocou toda a divisão de fonógrafos nas mãos de Émile, passando a se dedicar exclusivamente aos filmes. Para isso, contava com a ajuda e a orientação de Ferdinand Zecca, um dos funcionários da empresa, que era parisiense e tinha ampla vivência em teatros de variedades.

Em 1902, seguindo o exemplo de Georges Méliès, Pathé construiu um estúdio cinematográfico na cidade de Vincennes e passou a rodar pequenos filmes em ritmo alucinante – um a cada dois dias. A partir do ano seguinte, agora seguindo o exemplo dos Lumière, estabeleceu representações e escritórios em diversos países, visando sempre à exportação. Charles Pathé e Ferdinand Zecca formavam uma afinada dupla de, respectivamente, produtor e diretor de cinema, para utilizar a terminologia atual. Pathé entrava com o dinheiro, os estúdios, a distribuição internacional e as orientações, enquanto Zecca contribuía com os argumentos, cenários, o talento artístico, chegando até a trabalhar como ator em diversas oportunidades. A receita de seus filmes fazia enorme sucesso simplesmente porque ambos tinham plena consciência de que o cinema era direcionado às classes baixas, a analfabetos e pessoas de baixíssimo poder aquisitivo. Por isso, tudo tinha de ser muito simples, direto, claro e objetivo. Não havia espaço para sutilezas, da mesma forma que grosserias, doses de erotismo e aberrações eram bem-vindas.

Em *Histoire d'un Crime*, por exemplo, de 1901, Zecca não hesita em mostrar com duro realismo – para a época – a chocante execução de um criminoso condenado à guilhotina (obviamente, amparado por trucagens). *Les Victimes de l'Alcoolisme* (1902) marca outro exercício de realismo do cineasta, que mostra um pai de uma família feliz em *delirium tremens*, agonizando e morrendo, vítima do álcool. Outro filme de gosto bastante duvidoso apresenta um rapaz que entra numa cabine telefônica julgando estar num banheiro público. Ele abaixa as calças, evacua sobre o telefone e sai aliviado, para espanto do próximo usuário da cabine.

Também não havia muitas restrições quanto à originalidade dos temas abordados. A dupla jamais se opôs a um bom plágio. Quanto à forma, percebe-se certa evolução em relação aos trabalhos de Méliès. Zecca preferia o plano americano, não deixando sua câmera presa ao ponto de vista do espectador de teatro, e começou a utilizar os pequenos efeitos e truques também em fitas rodadas ao ar livre, e não apenas naquelas executadas no interior dos estúdios.

O estilo e o bom gosto dos filmes podiam ser discutíveis, mas não o seu sucesso. Em poucos anos, as produções da Pathé passaram a ser distribuídas – por meio de escritórios próprios – literalmente nos quatro cantos do mundo, incluindo Londres, Barcelona, Moscou, Nova York, Kiev, Budapeste, Calcutá e Cidade de Singapura. Aquele milhão de francos investido por Grivolas em 1898 rapidamente foi multiplicado. A empresa, que havia lucrado 345 mil francos em 1900, praticamente triplicou esse número dois anos depois. Já em 1904, os lucros foram de 1,3 milhão de francos, e saltaram para 6,5 milhões em 1906 e 24 milhões em 1907.

Numa ascensão vertiginosa, Charles Pathé se tornou, aos 45 anos de idade, o maior magnata da indústria cinematográfica mundial, vendendo sozinho para o mercado norte-americano o dobro do que vendiam as outras grandes

Curta francês exportado com o título de *The Apaches of Paris*.

A versão de Pathé para a Paixão de Cristo.

companhias somadas. O cálculo feito na época dava conta de que cada filme se pagava com a venda de, em média, 20 cópias, passando a ser lucrativo a partir da 21ª cópia comercializada. Para se ter uma ideia da capitalização do império Pathé, as vendas de seus títulos chegavam a números que ultrapassavam a casa do milhar. Era comum que os balanços financeiros da Pathé registrassem antes mesmo de terminar o mês de janeiro o faturamento anual necessário para cobrir todas as despesas dos demais onze meses do exercício fiscal. Tomado pela euforia, o engenheiro Dussaud – funcionário da empresa – pronunciou uma frase que se transformou no lema do império: "O cinema é o jornal, a escola e o teatro de amanhã". O galo cantando com o peito estufado – logotipo da Pathé – estava presente não apenas nas aberturas dos seus filmes, mas também em câmeras, projetores e películas virgens de sua fabrica-

Ferdinand Zecca em pose de dupla exposição.

ção, e em laboratórios e salas de exibição de sua propriedade. Cinco estúdios sediados em Vincennes, Montreuil e Joinville rodavam filmes 24 horas por dia, com luzes naturais ou artificiais.

Numa jogada de mestre, Charles Pathé conseguiu monopolizar o conteúdo das artes francesas. Mediante um acordo realizado com a Société Cinématographique des Auteurs et Gens de Lettres, a Pathé Frères passou a ter prioridade absoluta na adaptação para o cinema das obras clássicas da literatura e do teatro da França, pois já não havia mais a preocupação de realizar apenas filmes de gosto popular. Tamanho era o desenvolvimento da empresa que ela chegou a criar um sistema de filmagem em cores – o Pathé-Color – e introduziu, em 1908, o primeiro cinejornal da história distribuído mundialmente: o *Pathé-Journal*. Semanalmente, espectadores de todo o planeta eram informados das últimas notícias nacionais e internacionais, filmadas por funcionários da Pathé espalhados por toda parte. O *Pathé-Journal* foi exibido e distribuído pelo mundo em várias versões e sob diferentes nomes. Na Inglaterra, havia o *Pathé's Animated Gazette*, iniciado em 1910 e que sobreviveu até 1969, quando já era chamado de *Pathé News*. Nos Estados Unidos, a primeira edição do *Pathé News* foi exibida em 8 de agosto de 1911.

Já existia, desde 1906, o pioneiro cinejornal *Day by Day*, produzido por Will G. Barker, mas sua exibição era restrita a um único cinema: o Empire, na Leicester Square.

Foi também com Pathé que os diferentes gêneros cinematográficos – romance, drama, comédia etc. – passaram a ser mais definidos e valorizados. E não deixa de ser genial o novo sistema de comercialização desenvolvido pela empresa: agora, os filmes não eram mais vendidos unitariamente aos donos de cinema, e sim alugados. Assim, uma única cópia poderia correr o mundo todo, caso não se estragasse, reduzindo os custos e multiplicando os lucros.

Sala de exibição de Pathé, no início do século.

Mas a chegada da Primeira Guerra Mundial abalou o mercado europeu. Charles Pathé, prevendo os prejuízos em larga escala que o conflito provocaria aos seus negócios, viajou aos Estados Unidos no final de 1914 para administrar a Pathé Exchange, sucursal norte-americana da Pathé Frères. Lá se encontrou com Zecca, que desde 1910 era o diretor-geral da empresa, administrando os negócios nos Estados Unidos havia quase dois anos. Charles só retornou à França no final da guerra, em 1917, encontrando uma Europa profundamente transfigurada e um mercado cinematográfico irremediavelmente comprometido com os Estados Unidos. Seu domínio sobre a produção de cinema do mundo inteiro acabou se transformando numa faca de dois gumes: em seus áureos tempos, Pathé tirava dez cópias de um filme médio para suprir o mercado francês, mais cinquenta cópias destinadas aos exibidores europeus e outras duzentas para o mercado norte-americano, ou seja, tratava-se de uma matemática que reverteria definitivamente o eixo do cinema mundial.

O império Pathé, construído com uma rapidez astronômica, durou até 1929, quando Charles, após um longo e doloroso processo de desativação de seus negócios, aposentou-se e foi desfrutar sua fortuna na Riviera Francesa. Também para Pathé – como já havia acontecido com os irmãos Lumière – o cinema trouxe fama, fortuna e longevidade. Charles faleceu em 1957, aos 94 anos. Zecca só retornou à França em 1920; auxiliou Charles no desmonte das empresas e se aposentou em 1939, vindo a falecer em 1947, aos 83 anos.

# ENQUANTO ISSO, DO OUTRO LADO DO ATLÂNTICO...

Na virada do século, os Estados Unidos viviam um momento de grandes mudanças sociais e urbanas, atraindo para seus domínios infindáveis levas de imigrantes, principalmente europeus. Batalhões de russos, poloneses, italianos e judeus da Europa Oriental desembarcavam em Nova York, davam entrada nos papéis de imigração – nos quais muitas vezes seu nome e sobrenome eram alterados – e mudavam-se para prédios que eram divididos e subdivididos em dezenas de quartos. O momento foi retratado – com certo romantismo, é claro – em filmes como *Era uma Vez na América*, *Na Época do Ragtime*, *O Poderoso Chefão – Parte II*, ou mesmo no desenho animado *Fievel, um Conto Americano*, que mostra a saga da família russa Mousekiwitz (no Brasil, Ratowitz) nos seus primeiros dias em Nova York.

Assim como os Mousekiwitz, milhares de famílias com nomes estranhos chegavam aos Estados Unidos também acreditando que "não haveria gatos na América", um simpático simbolismo retratando a esperança de dias melhores. A Estátua da Liberdade empunhando sua tocha era o primeiro sinal do Novo Mundo que os imigrantes europeus avistavam do navio após semanas muito cansativas de viagem. E, obviamente, não é por acaso que até hoje o Museu dos Imigrantes, em Nova York, situa-se no interior da base da Estátua.

As alterações sociais que essa imigração acentuada provocou na vida americana foram profundas. Antes de os imigrantes começarem a chegar, os norte-americanos – independentemente de sua faixa de renda – conviviam de forma muito próxima, geograficamente falando. O contato entre ricos e

Na virada do século, qualquer galpão era transformado em "cinema".

pobres, patrões e serviçais, era bem mais acentuado. A chegada dos imigrantes de baixa renda, com costumes e hábitos diferentes, provocou nos americanos tradicionalistas e conservadores um sentimento preconceituoso, levando ao distanciamento físico, o que explica o nascimento dos bairros de imigrantes, verdadeiros guetos dentro das grandes cidades. Altíssimos e fortificados muros invisíveis eram erguidos para separar o americano afortunado do imigrante operário, e o contato entre essas duas castas era praticamente inexistente. Daí a indignação geral que a personagem vivida por Elizabeth McGovern causa ao visitar o bairro de judeus russos no filme *Na Época do Ragtime*. Por outro lado, no mesmo filme, Sarah, a empregada da família, mora no sótão da casa de seus patrões, convivendo normalmente com eles (desde que suas visitas entrem pela porta dos fundos, é claro). Por quê? Sarah, "apesar" de negra, é americana nativa, e não imigrante, e por isso a ela é dispensado um tratamento diferenciado.

Assim, as poucas horas de lazer do operário imigrante eram passadas em locais onde o americano afortunado jamais pensaria em colocar os pés. Eram pequenos bares, salões de dança e sinuca, rinques de patinação, galerias de boliche e tiro ao alvo, feiras sensacionalistas de monstruosidades (quem não se lembra de *O Homem-Elefante*?), teatros de variedade (ou *vaudeviles*) e os *penny arcades*, centros de diversões onde cada atração custava um pêni.

Cartaz de 1908 anuncia a projeção de filmes a cinco centavos.

Quando o cinetoscópio de Edison (a partir de 1894) e o cinematógrafo dos Lumière (a partir de 1896) e similares começaram a se popularizar, os *vaudeviles* e os *penny arcades* passaram a se adaptar às novidades, aproveitando qualquer canto onde fosse possível projetar um filme. O sucesso foi total e imediato. As imagens em movimento – justamente por serem mudas – continham uma linguagem universal, dispensavam o conhecimento da língua inglesa, eram visualmente atrativas, baratas, enfim, o divertimento ideal para os inúmeros imigrantes que povoavam a América naquela virada de século. Os shows mambembes de melodrama, música e humor, apresentados nos palcos dos *vaudeviles*, tornaram-se meros aperitivos em relação ao espetáculo maior dos filmes, sempre projetados ao final de cada sessão. Os gerentes dos teatros iniciaram, então, a prática de descontar dos atores entre 5% e 10% de seu salário, visando pagar os agentes que lhes vendiam os filmes. Em 1900, esse desconto arbitrário provocou uma greve entre os artistas e, como sempre, o filme arrebentou do lado mais fraco: vários deles foram despedidos e os teatros passaram a apenas projetar filmes, sem que isso acarretasse uma queda de público.

A novidade – os chamados *movies* (abreviatura que pode ter origem tanto na expressão *moving pictures*, imagens em movimento, como em *life motion pictures*, notação criada por Thomas Edison) – alastrava-se rapidamente pelos Estados Unidos, fazendo que se proliferassem os armazéns adaptados para a exibição de filmes. Como assistir a um programa custava um níquel (cinco centavos), tais armazéns foram batizados de *nicolets, nickeldromes, nickel theaters* ou *nickelodeons*, dependendo da cidade onde fossem instalados. Por motivos óbvios, eram também chamados de "poeiras". Auxiliado por empreendedores ambulantes, que realizavam projeções itinerantes de cidade em cidade, o cinema, em poucos anos, cruzou os Estados Unidos de costa a costa, com registros de poeiras sendo instalados em Los Angeles – do outro lado do país – já em 1902.

Apesar das raras e pouco confiáveis estatísticas da época, calcula-se que em 1908 a grande Nova York já contava com mais de seiscentos poeiras, que vendiam aproximadamente 340 mil ingressos por dia, proporcionando um faturamento anual que superava a invejável marca dos 6 milhões de dólares. Alguns deles abriam suas portas durante a manhã, outros a partir do meio--dia e outros, ainda, apenas no período noturno. Cartazes coloridos e, eventualmente, alguém portando um megafone faziam o "marketing" das salas de exibição. Lá dentro, milhares de operários e imigrantes assobiavam, batiam palmas, torciam para os mocinhos, vaiavam os bandidos e se divertiam ruidosamente. Afinal, os filmes eram mudos, e não havia a necessidade de silêncio na plateia. Como cada programa durava apenas quinze ou vinte minutos, era grande também a frequência de espectadores ocasionais, que gastavam seu níquel apenas para matar o tempo: donas de casa que saíam para fazer compras, crianças matando aulas, profissionais liberais entre um serviço e outro. Aos sábados, as filas eram imensas. Os programas podiam ser mais longos ou mais curtos, dependendo do cansaço do braço do operador dos projetores. Movidas a mão, as máquinas ofereciam uma precisão muito precária tanto em relação à velocidade como também à luminosidade e definição dos filmes projetados. E se o operador estivesse de bom humor, ele poderia fazer que as imagens fossem para a frente ou para trás, ficassem mais rápidas ou mais lentas, arrancando gargalhadas da audiência, mesmo que o filme não fosse uma comédia.

De qualquer maneira, a aceitação total das plateias deixava claro que a brincadeira das fotografias animadas estava virando coisa séria, causando sensação nos distritos operários norte-americanos. A classe média burguesa, porém, ainda torcia o nariz para a novidade, classificando-a apenas como um divertimento vulgar, comparável aos circos de aberrações ou até mesmo aos prostíbulos. Na visão da burguesia, um local pequeno, escuro, sujo e que agrupasse operários imigrantes, negros, moças desacompanhadas e crianças desavisadas não poderia ser palco de atividades decentes. Na realidade, causava profundo desconforto à classe média o fato de o proletariado ter encontrado uma forma de entretenimento que fugisse ao controle e à censura dos "guardiões" da cultura norte-americana oficial.

Com esse panorama, é obvio que as perseguições não tardaram a acontecer. Batidas policiais, filmes apreendidos por seu baixo teor moral, poeiras suspensos ou fechados passam a se constituir em fatos comuns no recém--descoberto mercado norte-americano de cinema. Um dos golpes mais duros aconteceu no final de 1908, durante a semana de Natal, quando as autoridades nova-iorquinas ordenaram o fechamento de todos os poeiras da cidade. Para o então prefeito George B. McClellan, a moral duvidosa dos *nickel theaters* não era compatível com a religiosidade do período de festas natalinas. A arbitrariedade gerou uma briga judicial empreendida entre o poder público e os exibidores, liderados por William Fox, um nome que mais tarde assumiria grande importância na indústria cinematográfica. Como resultado desse litígio, os poeiras, após muitas negociações, voltaram a ser abertos, mas teriam de respeitar três condições básicas: primeira, passariam a ser subordinados à jurisdição da polícia de Nova York; segunda, o acesso aos menores de idade seria rigidamente controlado; terceira, a taxa de funcionamento a ser paga à prefeitura saltaria de 25 para 500 dólares.

Assim, os protestos dos setores conservadores da população em relação à imoralidade dos filmes e dos *nickel theaters* encontraram eco imediato no poder público, que recorreu à tão conhecida bandeira dos bons costumes e da moral visando obter maiores arrecadações. É difícil determinar o que de fato mais incomodava as autoridades: o conteúdo moral dos cinemas ou aqueles 6 milhões de dólares faturados em 1908 na cidade de Nova York.

Mas a cruzada pela "moralidade" continuou. Logo no início de 1909 foi criado o New York Board of Motion Picture Censorship – mais tarde National Board of Review of Motion Pictures –, patrocinado por dez organizações civis da cidade e com o poder de cortar as partes de um filme consideradas atentatórias à moral e aos bons costumes, ou de vetar totalmente a exibição de um filme, se fosse o caso. Temendo represálias mais rigorosas, os exibidores se submeteram ao órgão, que era formado por pouco mais de meia dúzia de voluntários e voluntárias tidos como cidadãos "respeitáveis". Semanalmente eles se reuniam na sala de projeção da Motion Picture Patents Company e lá passavam horas; o resultado era a exigência de cortes nas cenas que mostravam mulheres vestidas em espartilhos ou maiôs, crimes e suicídios. Após as devidas supressões, o filme recebia o selo de aprovação do conselho: uma tesoura aberta superposta a uma estrela de quatro pontas. Porém, apesar de ostentar a palavra *National* em seu nome, o conselho não era reconhecido em todo o país. Em Chicago, por exemplo, a censura já era exercida pela própria polícia antes mesmo da criação de tal órgão, e não era raro que um filme que recebesse o selo de aprovação em Nova York fosse novamente mutilado em cidades mais conservadoras.

Se, por um lado, todo esse controle tolheu a liberdade de expressão dos produtores e exibidores de filmes, por outro deu início a um namoro que se mostraria extremamente duradouro com o passar dos anos: o do cinema com a classe média. A submissão dos responsáveis pela indústria cinematográfica aos critérios da sociedade dita "respeitável" fez que a burguesia passasse a enxergar a atividade com olhos mais tolerantes e um pouco mais simpáticos. Contudo, ainda faltava um passo muito importante para que fosse celebrado o casamento entre o cinema e a burguesia. Era preciso, antes, divorciar esse mesmo cinema de sua fiel audiência proletária.

## BIOGRAPH E VITAGRAPH, AS PIONEIRAS NORTE-AMERICANAS

Logo no ano seguinte à exibição dos Lumière no Boulevard des Capucines, começam a surgir empresas especificamente constituídas para atuar no mercado da produção cinematográfica. Os pioneiros do cinema eram, até então, empresários vindos de outros ramos comerciais: os Lumière da fotografia, Georges Méliès do teatro, a Pathé Frères, que foi fundada como firma de representação comercial, enquanto Thomas Edison era um multiempresário. Nos Estados Unidos, a Biograph e a Vitagraph – constituídas em 1896 e 1897, respectivamente – assumem um papel pioneiro por terem sido as primeiras organizações empresariais fundadas com o objetivo específico de produzir filmes para cinema.

Biograph, na realidade, era o nome de um sistema rudimentar de projeção de filmes patenteado na França, em 1894. Dois anos depois, o norte--americano Billy Bitzer apresentou em Nova York outro sistema de projeção que utilizava filmes não perfurados, batizando-o de The American Biograph, para evitar confusões com o similar francês. A pessoa jurídica Biograph corresponde à forma como ficou conhecida a empresa American Mutoscope and Biograph Company, fundada por William Kennedy Laurie Dickson, Elias Koopman, Henry Marvin e Herman Casler com a finalidade de explorar as possibilidades do projetor de mesmo nome. A princípio, a Biograph foi uma feroz concorrente dos estúdios de Edison, mas posteriormente ambas uniram forças para a formação do chamado "truste de Edison". Dos estúdios da empresa, situados na East 14th Street, em Nova York, saíram centenas de filmes e

Cenário rotativo da Biograph, montado no alto de um prédio em Manhattan para aproveitar melhor a luz solar.

talentos até hoje reconhecidos, como Mack Sennett, Mary Pickford, as irmãs Gish, o legendário D. W. Griffith e Florence Lawrence, a *Biograph Girl*.

A canadense Mary Pickford na verdade se chamava Gladys Smith, mas era mais conhecida pelos apelidos que conquistou graças ao seu sucesso no cinema: *Little Mary* ("Pequena Mary"), *The Girl with the Golden Hair* ("A Menina dos Cabelos Dourados") e, posteriormente, *America's Sweetheart* ("A Namoradinha da América"). Mais que jogadas publicitárias, tais apelidos se deviam em especial à política dos produtores da época de evitar a todo custo divulgar os nomes reais de suas estrelas, temerosos de que elas assumissem uma independência "excessiva", contrária aos interesses dos estúdios. Nos palcos da Broadway ou *off-Broadway* desde criança, Mary entrou no mundo do cinema pelas portas da Biograph em 1909, com apenas 16 anos, por lá permanecendo apenas até o ano seguinte, quando se transferiu para a IMP de Carl Laemmle. O negócio foi ótimo para ela, que trocou seu salário de 40 dólares semanais na Biograph por outro de 175 dólares na IMP.

As irmãs Dorothy e Lillian Gish também estrearam no cinema por intermédio dos históricos estúdios da Biograph. Ambas eram atrizes de teatro desde muito pequenas, sendo apresentadas aos chefões da empresa cinematográfica por uma amiga comum: Mary Pickford. Em 1912, Dorothy, aos 14 anos, e Lillian, aos 18, fizeram sua estreia juntas, no filme *An Unseen Ene-*

*my*. O diretor era ninguém menos que D. W. Griffith, também nos primeiros anos de sua carreira. Com um estilo de interpretação mais denso e dramático, Lillian ganhou mais destaque que a irmã e acabou obtendo mais tarde a fama de "primeira-dama do cinema mudo". A parceria D. W. Griffith/ Lillian Gish ainda renderia grandes filmes, inclusive fora da Biograph.

Porém, a maior estrela da empresa não era nem Lillian Gish, nem Dorothy, nem Mary Pickford. O título de *Biograph Girl* ficou com Florence Lawrence, estrela dos primeiros filmes dirigidos por Griffith, em 1908 e 1909. Julieta, Salomé e Cleópatra foram apenas alguns de seus papéis de destaque naqueles anos. Mas a Biograph não tinha muita habilidade para segurar seus grandes talentos: em 1910, Florence seguiu o mesmo caminho de Mary Pickford e transferiu-se para a IMP, para a alegria do "ladrão de estrelas" Carl Laemmle. A *Biograph Girl* virou *IMP Girl*.

Outro grande nome do cinema forjado na Biograph foi David Wark Griffith, norte-americano do Kentucky nascido em 1875, que antes de encontrar seu caminho como cineasta foi vendedor de enciclopédias, mineiro, operário de uma serraria, ator de teatro e escritor de poesias, contos e peças, sempre com pouco sucesso. Enquanto tentava entrar para o cinema, Griffith conheceu Edwin S. Porter, na época já famoso por seu filme *The Great Train Robbery*. Porter recusou a ideia de Griffith de realizar um filme baseado na ópera *Tosca*, mas em contrapartida lhe ofereceu um papel em *Rescued From an Eagle's Nest*. Griffith aceitou a proposta e estreou nas telas no início de 1908, como ator. Porém, suas pretensões na área do cinema eram maiores, e ele logo procurou a Biograph com a intenção de vender roteiros para filmes. Conseguiu. Roteirista, ator, assistente de produção, montador, aos poucos Griffith ia se envolvendo em todas as etapas do processo fílmico dentro da Biograph, até chegar a oportunidade de dirigir seu primeiro filme, *The Adventures of Dollie*, lançado em julho de 1908. Daquela data até setembro de 1913, o ex-vendedor de enciclopédias do Kentucky dirigiu aproximadamente 450 filmes curtos, a maioria de apenas um rolo, além de supervisionar a produção de centenas de outros, num ritmo raramente visto no cinema. Mais que quantidade, seus filmes já demonstravam claramente o talento daquele que seria um dos mais importantes cineastas da história. Sua produção já se mostra rica pelo domínio da linguagem cinematográfica, com mudanças nos ângulos das câmeras, ações paralelas, iluminação dramática, bom ritmo de edição, *closes* e outros recursos que, se não foram exatamente inventados por Griffith, com ele desfrutaram um grande aperfeiçoamento.

Além disso, ele ensaiava seus atores de maneira diferenciada, tentando extrair deles interpretações menos teatrais que as apresentadas até então, sempre

Sede da Biograph, na esquina da 11<sup>th</sup> com a 14<sup>th</sup> Street, em Nova York. A foto é de 1908.

buscando maior naturalidade e espontaneidade nas ações. Griffith também foi um dos pioneiros em relação à ideia de aproveitar o sol da Califórnia e para lá transportar suas câmeras durante o inverno, evitando dessa maneira interrupções na produção. Assim, ele foi um dos responsáveis diretos pela criação e mitificação de Hollywood. Quanto mais seu talento despontava, mais o público procurava seus filmes e mais a Biograph enriquecia. Com ideias ambiciosas, Griffith queria dirigir longas-metragens e poder contar histórias maiores, com maior número de personagens, cenários e locações. A Biograph era contrária à ideia de investir em longas, pois não se sabia se o público realmente se interessaria em permanecer durante muito tempo vendo um filme numa sala escura. Sem possibilidade de acordo, Griffith abandonou a empresa em outubro de 1913, quando assinou contrato com Harry Aitken, da Mutual. Seus grandes filmes ainda estavam por vir, enquanto os dias da Biograph estavam contados. Sem suas maiores estrelas e tendo participado do desastroso truste de Edison, a empresa fechou as portas em 1915, vítima da lei antitruste do governo norte-americano (recentemente a companhia foi reativada, e, além da área cinematográfica, também atua no campo da produção televisiva e multimídia).

Já a Vitagraph teve vida um pouco mais longa. Fundada em 1897, na mesma cidade que a Biograph (Nova York), ela permaneceu de portas abertas até 1925. De seus estúdios não saíram talentos como os revelados pela Biograph, mas seu pioneirismo e sua contribuição para a evolução das técnicas cinematográficas são dignos de registro.

Apesar de eminentemente norte-americana, a Vitagraph foi fundada por dois britânicos, Albert E. Smith e James Stuart Blackton, que tentavam a sorte no Novo Mundo. A entrada de Blackton no mundo do cinema foi, no mínimo, curiosa. Nos Estados Unidos desde criança, ele trabalhava como jornalista e ilustrador na publicação nova-iorquina *World*. Certo dia recebeu de seu editor a tarefa de entrevistar Thomas Edison, que na época já havia inventado o cinetoscópio. Edison se entusiasmou pelos desenhos de Blackton e quis filmá-los. O resultado foi o curta *Blackton, the Evening World Cartoonist*, de 1896, um pequeno documentário sobre o trabalho do ilustrador. Fascinado pela experiência, no mesmo ano Blackton comprou uma câmera de Edison e convidou seu amigo Albert Smith para ser seu sócio na produção de filmes. Estava fundada a Vitagraph, sendo assim escrita uma página única na história do cinema, por registrar a experiência de um homem que se tornou produtor cinematográfico por ter gostado da experiência de ter sido objeto de um documentário.

Em 1898, um terceiro sócio – William T. Rock – foi incorporado à empresa, que começou a rodar pequenos filmes literalmente a céu aberto, mais especificamente no terraço do edifício Morse, no número 140 da Nassau Street, em Nova York. Talvez inspirado pela localização, o primeiro filme da Vitagraph se chamou *The Burglar on the Roof* (O Ladrão no Telhado); tinha menos de um minuto de duração e o papel principal foi interpretado pelo próprio Blackton. No mesmo ano, marcado pela Guerra Hispano-Americana, o estúdio produziu *Tearing Down the Spanish Flag*, considerado como uma das primeiras – se não a primeira – incursão do cinema no campo da propaganda político-ideológica. Com Smith operando a câmera e novamente Blackton no papel principal, o filme mostrava o hasteamento de uma bandeira norte--americana tomando o lugar antes ocupado por uma bandeira espanhola.

Uma das marcas registradas da Vitagraph era misturar, indiscriminadamente, cenas reais com outras produzidas em estúdio, criando uma espécie de documentário dramatizado, ainda que o público nunca fosse informado sobre quais cenas eram falsas e quais eram verdadeiras. Assim, houve a documentação/ dramatização da guerra contra a Espanha e também de crimes ocorridos na cidade de Nova York. Produzindo em ritmo acelerado, a empresa chegou a alcançar a liderança do mercado norte-americano, inovando na parte técnica, ousando experimentar novos planos e enquadramentos, aprimorando-se na edição e também conseguindo bons resultados no setor de desenhos anima-

*Vocês ainda não ouviram nada*

Florence Lawrence, a popular *Biograph Girl*.

dos. *Humorous Phases of Funny Faces*, *The Haunted Hotel* e *The Magic Fountain Pen*, produzidos entre 1906 e 1909, são considerados marcos históricos da animação, exibindo técnicas bastante evoluídas para a época.

Acumulando as funções de diretor, produtor, ator e desenhista de animações, Blackton é tido como um dos pioneiros mais criativos da história do cinema mudo norte-americano, frequentemente comparado ao próprio D. W. Griffith. Ele foi um dos principais incentivadores da produção de comédias de dois ou três rolos, criou a série cômica *Happy Hooligan*, que fez muito sucesso na época, dedicou-se à adaptação cinematográfica de grandes obras do teatro e deu início a um sistema de produção que seria fundamental para o desenvolvimento da indústria do cinema nas décadas seguintes: percebendo que o número de filmes rodados na Vitagraph havia se tornado grande demais para o controle de uma só pessoa, Blackton passou a supervisionar o trabalho de uma série de outros produtores e diretores, criando uma espécie de "linha de montagem" de filmes. Nos dias de hoje, o conceito parece bastante simples, mas foi graças a esse sistema de trabalho, mais tarde adotado pelos grandes e legendários estúdios que ainda estavam por nascer, que o cinema norte-americano se transformou na potência industrial que é até hoje.

Se a Biograph tinha em Florence Lawrence sua maior estrela, a empresa de Blackton não ficava atrás, e fez de outra Florence, de sobrenome Turner, a sua *Vitagraph Girl*. Nos palcos desde os 3 anos de idade, Florence Turner entrou para a companhia em 1906, como roupeira, e em pouco tempo se transformou em grande estrela das telas. Fez vários curtas contracenando com Maurice Costello – um dos astros da Vitagraph –, ficou mundialmente famosa (mais pelo apelido *Vitagraph Girl* que pelo seu nome) e chegou a formar sua própria empresa cinematográfica, a Turner Films, em sociedade com o diretor Larry Trimble. Fez vários filmes nos Estados Unidos e Inglaterra, mas sua carreira entrou em decadência nos anos finais do cinema mudo. Na década de 1930, Florence Turner já havia entrado para a lista de caridade mantida pela MGM, empregando velhos atores e atrizes que faziam pontas e participações especiais. Faleceu em 1946, aos 61 anos.

A história de Blackton foi mais bem-sucedida. Como a Vitagraph havia se enfraquecido moral, política e economicamente após ter participado do consórcio de Thomas Edison, Blackton decidiu deixar a empresa em 1917 e tornar-se produtor independente. Atuou tanto nos Estados Unidos como na Inglaterra, onde chegou a realizar alguns experimentos com filmes coloridos. Com o dinheiro que arrecadou, conseguiu aposentar-se aos 51 anos de idade, mas três anos depois perdeu toda a sua fortuna com a quebra da Bolsa de Nova York e se viu na incômoda obrigação de ter de começar tudo de novo. Conseguiu emprego como diretor de produção da Anglo-American Film Company onde trabalhou até 1941, quando morreu, aos 66 anos. Além de entrar para a história do cinema como um grande pioneiro, ele foi presidente da Vitaphone Company – importante empresa do setor fonográfico –, fundou e foi presidente da Motion Picture Board of Trade (mais tarde Association of Motion Picture Producers and Distributors of America) e ainda foi editor--chefe da *Motion Picture Magazine*, umas das primeiras revistas de cinema dos Estados Unidos.

A Vitagraph ainda sobreviveu oito anos à saída de Blackton e foi vendida para a Warner Bros. em 1925.

## PORTER: REVOLUCIONÁRIO OU PLAGIADOR?

A concorrência feita à Vitagraph e à Biograph contava com Edwin Stanton Porter, outro grande pioneiro do cinema norte-americano. Nascido em 1870 em Connellsville, Pensilvânia, Porter é considerado, ao lado de Griffith, um dos principais responsáveis pelo desenvolvimento da linguagem cinematográfica daquele país.

*Vocês ainda não ouviram nada*

Tendo abandonado a escola aos 14 anos de idade, ele trabalhou como office boy, pintor de cartazes, encanador, caixa de teatro e alfaiate, até se engajar numa companhia itinerante de teatro cômico, para a qual fazia pequenos serviços. Posteriormente conseguiu emprego na Raff & Gammon, empresa que comercializava o Vitascope de Thomas Edison. Entre suas inúmeras tarefas estava a de deixar tudo pronto para a histórica exibição de 23 de abril de 1896, a primeira projeção de cinema ocorrida em Nova York, no Koster & Bial's Music Hall. Já fascinado pelas imagens em movimento, Porter estagiou nos famosos laboratórios de Menlo Park, sendo orientado pelo próprio Edison e partindo depois para as Índias Ocidentais e a América do Sul como representante de vendas, passando a comercializar os produtos de seu famoso patrão.

De volta a Nova York, atuou por algum tempo como projecionista, até desenvolver, em 1898, o Beadnell, um tipo de projetor que proporcionava imagens mais nítidas e brilhantes que os concorrentes da época. Ao mesmo tempo que realizava pequenos filmes, Porter estabeleceu-se como fabricante e comerciante da marca Beadnell, mas um incêndio pôs fim ao próspero negócio, em 1900. Falido, foi novamente trabalhar com Edison, atuando primeiro no setor de construção de câmeras, depois como diretor e *cameraman* dos filmes da companhia, chegando mais tarde a ser o responsável por toda a produção do estúdio da 21st Street, onde dirigiu e rodou pessoalmente vários filmetes.

Criativo, Porter cansou-se rapidamente de fazer filmes iguais a todos os outros, com a câmera estática e mostrando apenas uma ideia ou situação. Provavelmente influenciado pela obra de Méliès, ele deu nova vida às produções de Edison introduzindo pequenos truques, maior número de *travellings*, dupla exposição, *stop-motion* e outras novidades. Em 1903 ele dirige *Life of an American Fireman*, considerado um dos primeiros clássicos do cinema mudo norte-americano. Misturando cenas reais da vida dos bombeiros com outras especialmente rodadas para essa produção, o filme chamou a atenção pelo realismo, pela carga dramática e pela ampla utilização de *closes*, recurso raro na época. No mesmo ano, Porter empreende outro filme ambicioso – *Uncle Tom's Cabin* (*A Cabana do Pai Tomás*) –, composto de um prólogo e catorze cenas. Mas seu grande trabalho foi mesmo *The Great Train Robbery*, aventura de doze minutos e com quarenta atores mostrando, como o próprio título já diz, um assalto a um trem, de forma dinâmica, vigorosa e empolgante, intercalando *closes*, montagens rápidas, *travellings*, cenas externas e perseguições. Alguns estudiosos consideram *The Great Train Robbery* como o forjador da arte cinematográfica norte-americana e pai de todos os faroestes. Outros acreditam que se trata somente de um plágio descarado do filme inglês *Robbery of the Mail Coach*.

Cena de *The Great Train Robbery*, dirigido por Edwin Porter para Edison.

Polêmicas à parte, Porter permaneceu trabalhando para Edison até novembro de 1909, dirigindo, produzindo, operando câmeras, editando e até escrevendo roteiros. São dessa fase os dramas sociais *The Ex-Convict* (1904) e *The Kleptomaniac* (1905), além dos filmes com "efeitos especiais" (na realidade pequenos truques) *Dream of a Rarebit Fiend* (1906) e *The "Teddy" Bears* (1907).

Ao deixar Edison, tornou-se produtor independente e fundou a Defender Pictures e, mais tarde, a Rex Film Company, para finalmente se associar, em 1912, a Adolph Zukor na Famous Players. Como diretor-geral e tesoureiro da Famous Players, Porter foi o responsável por grandes adaptações literárias e teatrais da empresa. Durante o ano de 1915 ele permaneceu por um longo tempo afastado do estúdio, em locações na Itália, realizando o filme *The Eternal City*. Os resultados artísticos do filme foram largamente elogiados, mas essa ausência lhe custou dividendos políticos dentro da Famous Players, sendo rebaixado a diretor técnico. Ressentido com a decisão, no mesmo ano Porter vendeu sua participação na empresa por 800 mil dólares, quantia que investiu na Precision Machine Corporation, empresa fabricante dos projetores Simplex. Desenvolvendo novos experimentos nas áreas das cores, do cinema falado e das três dimensões, a empresa prosperou até 1929, quando a quebra da Bolsa de Nova York fez que Porter entrasse em falência pela segunda vez na sua carreira.

*Vocês ainda não ouviram nada*

Mas dessa vez a recuperação financeira foi impossível, e Porter permaneceu no anonimato entre 1929 e 1941 – ano de sua morte –, sobrevivendo graças a uma pequena loja de artigos fotográficos e cinematográficos.

## O TRUSTE DE EDISON – POR ALGUM TEMPO, O CINEMA VIRA MÁFIA

Enquanto a sociedade conservadora, o poder público e os produtores e exibidores de cinema se debatiam por questões morais, Thomas Edison travava outro tipo de batalha dentro do campo cinematográfico: a econômica. Empresário de estratégias agressivas e nem sempre muito éticas, Edison tinha o firme propósito de dominar o mercado de cinema não só dos Estados Unidos, mas do mundo inteiro. Para conseguir atingir seu objetivo, ele passou a empreender uma verdadeira guerra contra seus concorrentes. Suas armas não eram a câmera e os filmes, e sim os tribunais e o departamento de patentes dos Estados Unidos. E sua tática se equilibrava perigosamente na fina linha que separa a livre concorrência empresarial do mau-caratismo.

Sua estratégia era solicitar ao departamento de patentes o maior número possível de registros em seu nome. Edison requeria a patente de praticamente todos os elementos associados à área das invenções cinematográficas: câmeras, projetores, peças específicas, manivelas, sistemas de filmagem e projeção, filmes, enfim, o que sua imaginação alcançasse. Obtidos os registros, ele passava a empreender exaustivas batalhas jurídicas contra as empresas concorrentes que se utilizassem desses materiais, agora patenteados. Sua intenção não era retirar os concorrentes do mercado, mas obrigá-los a pagar direitos autorais para continuar trabalhando. Uma a uma, as principais empresas produtoras iam se submetendo às pressões de Edison. Por volta de 1907, ele tinha em suas mãos não somente as grandes companhias cinematográficas norte--americanas como também as poderosas empresas francesas Pathé Frères e Star Film. Faltava, contudo, conseguir dobrar a Biograph Company, empresa teoricamente inatingível por possuir sua própria patente de câmera filmadora, ou seja, com muito mais fôlego empresarial, jurídico e econômico. Edison investiu milhares de dólares num exaustivo litígio judicial contra a Biograph que durou de 1901 a 1908. Foram sete anos de processos, recursos, julgamentos, liminares, apelações, idas a tribunais de todas as instâncias, sempre com Edison no ataque e a Biograph na defesa. A astúcia e a insistência de Edison e seus advogados eram tão intensas que o inventor/ empresário americano conseguia ter êxito em várias apelações, mesmo quando não tinha razão. Nem a contundente sentença do juiz William J. Wallace, proferida em 1902 – "É

*81*

Cena de *The Suffragette*, produzido por Edison em 1912.
O filme ridiculariza o voto feminino.

evidente que o senhor Edison não foi um pioneiro", registrou o juiz nos autos do processo –, abalou seu ânimo. Ele chegou inclusive a requerer a patente de um pequeno mecanismo com roda dentada que permitia que o filme passasse firme e intermitentemente pela lente da câmera. Ganhou o registro e, com essa vitória, processou novamente a Biograph, que utilizava mecanismo semelhante. Perdeu em duas instâncias, em 1906 e 1907, e ameaçou levar o caso ao Supremo Tribunal. Foi quando a Biograph, exaurida, pediu uma trégua a Edison, propondo-lhe um acordo. Dessa negociação nasceu, em dezembro de 1908, a Motion Picture Patents Company (MPPC).

A MPPC era um truste comandado por Edison que tinha por objetivo monopolizar o cinema mundial. Esse consórcio foi formado pela Vitagraph, Essanay, Kalem, Selig, Lubin, Pathé, Star, Kleine e – claro – por Edison e pela Biograph. A direção executiva do *pool* ficou a cargo de Jeremiah J. Kennedy, diretor da Biograph. Juntas, essas empresas se cotizaram para explorar dezesseis patentes, sendo uma de filmes, duas de câmeras e treze de projetores. Um verdadeiro clube fechado onde ninguém mais entraria e de onde ninguém poderia sair. As regras eram ferozes. Cada produtor associado deveria pagar ao truste meio centavo por pé de película impressionada e copiada. Cada distribuidor pagava uma licença anual de 5 mil dólares e cada exibidor enchia os cofres do truste com 5 dólares semanais. Estava formado o cartel. Produtores licenciados só poderiam alugar seus filmes a distribuidoras licenciadas, que

*Vocês ainda não ouviram nada*

Bastidores dos estúdios de Edison durante a filmagem de *How Washington Crossed the Delaware*, de 1912.

por sua vez só poderiam distribuir seus produtos a exibidores igualmente licenciados. Fortalecendo ainda mais o oligopólio, a Eastman Kodak – líder do mercado norte-americano de filmes virgens – concordou em fornecer sua matéria-prima somente aos produtores associados ao truste. Thomas Edison, como o detentor das patentes e organizador do MPPC, embolsava a maior parte do faturamento. Uma ativa e eficiente rede de espionagem foi montada em todo o país para evitar que algum produtor não licenciado utilizasse um equipamento patenteado, ou que alguma sala de exibição não autorizada exibisse um filme da MPPC, ou que qualquer uma das regras impostas pelo cartel fosse desrespeitada.

Em pouco mais de três anos, o truste passou a controlar 5.281 das 9.480 salas de exibição instaladas nos Estados Unidos. Seu faturamento era estimado em 1 milhão de dólares por ano, apenas com as taxas de licenciamento. Os produtores do mundo inteiro realizaram várias tentativas de rechaçar os métodos mafiosos utilizados pelo cartel, porém, com realidades comerciais, aspirações e mercados muito diferentes entre si, eles nunca conseguiram o grau de união necessário para enfrentar Edison e seus associados. No entanto, as pequenas empresas norte-americanas que não se associaram ao truste, conscientes do poderio do inimigo, iniciaram um vigoroso processo de resistência e fortalecimento de suas atividades, enfrentando a concorrência dos poderosos numa verdadeira briga entre Davi e Golias.

Não tardou muito para que o imenso poderio econômico da MPPC começasse a esbarrar em questões políticas. Em 1912, Woodrow Wilson, candidato do Partido Democrata às eleições presidenciais, iniciou sua campanha acusando os republicanos – então no poder – de favorecerem comercialmente as grandes empresas americanas em detrimento das pequenas, dificultando a livre concorrência e a democracia econômica. Apenas seis semanas depois dos ataques de Wilson, os próprios republicanos deram entrada em um processo contra a Motion Picture Patents Company, vestindo a carapuça. Tal processo foi baseado na Lei Antitruste de Sherman, de 1890, a qual garantia a possibilidade de competição comercial a qualquer tipo de empresa, independentemente do seu tamanho, ficando proibido o estabelecimento de qualquer tipo de truste comercial. Pequenos empresários do setor, como William Fox e Carl Laemmle, também moveram ações contra o truste, apoiando o discurso democrata.

A MPPC defendeu-se afirmando estar apenas tentando impor ordem e padrões mais elevados ao mercado de cinema, e não desenvolvendo práticas anticomerciais. Mas era claro que suas intenções eram eminentemente mercantis, e em 1915, após três anos de batalhas jurídicas, o Tribunal Federal dos Estados Unidos declarou o truste ilegal, colocando um ponto final num dos capítulos mais importantes da história do cinema americano.

Para uma melhor compreensão dessa importância e das alterações comerciais e empresariais que o truste ocasionou à atividade cinematográfica dos Estados Unidos (e, consequentemente, também do resto do mundo) é preciso antes analisar a situação desse mesmo mercado naquela época. Por volta de 1909, existiam nos Estados Unidos cerca de seis mil poeiras – salas de exibição que funcionavam em condições precárias ou semiprecárias e que ainda não podiam ser chamadas de "cinemas", conforme o significado atual da palavra. Basicamente, essas salas exibiam programas de meia hora, compostos de três filmes de um rolo só cada um. Como o programa era alterado diariamente, cada uma dessas 6 mil salas provocava uma demanda de 21 filmes por semana, quantidade nem sempre obtida de forma satisfatória pelos distribuidores. Era comum que os rolos chegassem às salas de exibição estragados, riscados, partidos ou mesmo depois do dia combinado. O nível de exigência do público era muito baixo, mesmo porque o ingresso às salas custava somente cinco centavos e os filmes eram exibidos apenas como passatempo para uma camada social pouco preocupada com qualidade.

Com a ação agressiva e tempestuosa do truste, disposto a simplesmente varrer do mercado aqueles que não fizessem parte do esquema por ele impos-

*Vocês ainda não ouviram nada*

to, as empresas menores se viram obrigadas a agir. Assim, os pequenos produtores, distribuidores e exibidores tomaram contato com uma concorrência efetiva e feroz, o que era novidade para um mercado até aquele momento tão vasto e tão pouco exigente. Antes mesmo de republicanos e democratas terem se utilizado do truste como motivador de suas brigas políticas, as empresas independentes de cinema já se armavam para combater o monopólio que Edison e seus associados queriam implantar. E as armas dessas empresas menores eram as ações judiciais e a busca pela qualidade. Naquela situação, buscar filmes melhores e condições de distribuição mais eficazes e oferecer ao público mais conforto nas exibições era algo vital para aqueles que desejavam enfrentar a concorrência do truste. Isso porque era clara a intenção da Motion Picture Patents de fechar os pequenos e pouco confortáveis poeiras situados em bairros periféricos. O consórcio acenava com condições muito especiais para os exibidores que se dispusessem a transferir suas salas para bairros melhores, ou para o centro comercial das cidades, além de também prometer vantagens àqueles que mantivessem os filmes em cartaz por mais tempo. Em contrapartida, era sugerido a esses exibidores que o preço do ingresso fosse dobrado, passando a custar dez centavos de dólar. Uma forma perspicaz de multiplicar por dois o faturamento bruto de todo um mercado que já era bastante lucrativo.

Com as salas de exibição mais bem localizadas, um pouco mais confortáveis e mantendo por mais tempo os mesmos filmes em cartaz, o truste passou a investir em propaganda, anunciando filmes melhores, pré-censurados (a ideia era conquistar a simpatia da classe média burguesa) e cópias de melhor qualidade.

Os pequenos independentes não poderiam ficar atrás se quisessem sobreviver, e saíram também em busca de uma melhor qualidade para o cinema, dentro de suas limitações. Naquele momento, três empresas independentes se sobressaíram: a IMP de Carl Laemmle, a New York Motion Picture Company (fundada em 1909 pelos distribuidores independentes Adam Kessel e Charles O. Baumann e pelo produtor Fred Balshofer) e a Powers, do distribuidor Patrick Powers. Na realidade, o truste estava gerando uma espécie de antitruste, ou seja, a reunião de empresas independentes ou mesmo a criação de novas companhias cinematográficas que viam nos cinemas não licenciados um mercado potencial para exercerem suas atividades. A Defender, a Rex Film Company, a Nestor Company e várias outras também faziam parte das "independentes", denominação que passou a designar as empresas que não pertenciam à Motion Picture Patents Company.

*Sala popular de cinema de 1910 vista por dentro.*

A guerra estava declarada. Com a impossibilidade de utilizar equipamentos patenteados pelo truste, os independentes recorriam a modelos europeus, o que nem sempre gerava uma boa qualidade de imagem, ou camuflavam suas filmadoras, operando na ilegalidade. Naquela época, tornou-se comum que os produtores independentes passassem a filmar em locações mais distantes, como a Flórida, o Arizona, a Califórnia e Cuba, aonde os tentáculos do truste tinham dificuldade para chegar. Em 1910, sob o comando de Laemmle, Kessel e Baumann, os independentes fundaram a Motion Picture Distributing and Sales Company (MPDSC), a resposta dos "pequenos" à Motion Picture Patents Company. Naquele mesmo ano, a MPDSC conseguiu oferecer aos cinemas não licenciados nada menos que 27 filmes semanais.

Se no final de 1908 o truste era responsável por praticamente 100% da produção e exportação de filmes nos Estados Unidos, em 1912 esse número caiu pela metade com a concorrência da MPDSC. Mas pela metade também acabaram se dividindo os até então bem organizados produtores e distribuidores independentes: naquele mesmo ano, Harry E. Aitken, um distribuidor do estado de Wisconsin, organizou a Mutual Film Corporation com a intenção de comprar empresas de distribuição cinematográfica e monopolizar o setor. Dez produtores independentes acompanharam Aitken, gerando a revolta de sete outros que, para combatê-los, fundaram a Universal Film Manufacturing Company, que sucedeu a Motion Picture Distributing and Sales Company. Nesse ponto, travou-se uma verdadeira guerra de nomes e filosofias. Carl Laemmle, Adam Kessel, Charles O. Baumann e Patrick Powers eram os cabeças da Universal, mas logo esse quarteto percebeu que suas lideranças eram fortes demais para que todos juntos comandassem uma só empresa.

*Vocês ainda não ouviram nada*

Assim, houve nova cisão, com Laemmle e Powers assumindo o controle da Universal e Kessel e Baumann fundando a Keystone.

Porém, mesmo com essa divisão de forças, os independentes mostraram seu poder de fogo. A concorrência com o truste serviu para elevar o nível de qualidade do cinema como um todo, envolvendo desde o conforto das salas de exibição até o apuro técnico e temático dos filmes. Não por acaso foram registrados naquele período dois marcos significativos da história do cinema norte-americano: a produção do primeiro longa-metragem e a inauguração do primeiro "cinema" propriamente dito naquele país, o Regent Plaza, de Nova York, primeiro edifício norte-americano projetado e construído para ser utilizado na exibição de filmes. Considerando a definição da Cinemateca Francesa, segundo a qual longa-metragem é um filme de caráter comercial com mais de sessenta minutos de duração, o primeiro longa norte-americano foi *Oliver Twist*, produzido por H. A. Spanuth, cuja estreia aconteceu em 1º de junho de 1912. É verdade que a Vitagraph já havia realizado, em 1909, *Les Misérables* e *The Life of Moses*, dois longas de, respectivamente, quatro e cinco rolos; mas, na época, ambos foram exibidos em capítulos, em programas realizados em dias diferentes, pois os exibidores não acreditavam que o público conseguiria manter por uma hora ou mais a atenção presa a filmes "tão longos". Foi somente após o ousado lançamento de dois longas-metragens europeus em território americano (o italiano *L'Inferno*, de 1911, e o francês *Les Amours de la Reine Élisabeth*, de 1912) que os exibidores perceberam que o público já estava preparado para assistir a algo mais elaborado que os filmetes de um ou dois rolos que integravam as sessões de apenas meia hora. E, apostando nessa nova tendência, *Oliver Twist* foi produzido e exibido com sucesso.

Sempre na busca de qualidade e diferenciação dos seus produtos, os produtores independentes que lutavam contra o truste realizaram todos os filmes de três ou mais rolos daquele período, enquanto Edison e seus associados insistiam na realização de filmes de apenas um rolo ou dois, no máximo. Fora isso, os independentes também passaram a promover seus astros e estrelas divulgando seu nome, prática pouco comum nas empresas do truste. Utilizando um expediente típico do teatro e do *vaudevile*, as empresas independentes colocavam em destaque, nos cartazes promocionais e na fachada dos cinemas, os nomes dos atores e atrizes principais dos seus filmes, enquanto os membros do truste simplesmente omitiam a informação ou batizavam suas estrelas com títulos como *The Biograph Girl*. A estratégia consistia em atrair para as empresas menores grandes estrelas e diretores que já estivessem cansados do anonimato. Os independentes

Sala de Massachusetts, já com ingresso a 10 centavos.

Foto de 1910 mostrando mesanino e plateia de um cinema lotado.

não podiam pagar tanto quanto o truste, mas eram muito mais abertos em relação à promoção e divulgação, mexendo com a vaidade dos astros. Foi assim que a Biograph, integrante do truste, perdeu vários talentos, como as atrizes Florence Lawrence e Mary Pickford (que se transferiram para a IMP), o diretor Mack Sennett (que foi para a Keystone) e o próprio D. W. Griffith, que passou a trabalhar para a Mutual, já que a Biograph o impedia de realizar filmes com mais de dois rolos.

Por tudo isso, quando a Justiça norte-americana considerou o truste ilegal a revolução no cinema daquele país já estava feita. Edison e seus companheiros queriam monopolizar o mercado, mas só conseguiram fortalecer seus concorrentes. A Motion Picture Patents Company de fato conseguiu avançar em direção à profissionalização do cinema, mas por caminhos tortos, movida pelos passos dados por seus inimigos. Os tribunais deram apenas a cartada final, desferindo o golpe de misericórdia num consórcio que já estava perdendo o fôlego.

Após a derrota final do truste, o saldo foi dos mais negativos para Edison e seus companheiros, e dos mais positivos para a atividade cinematográfica

*Vocês ainda não ouviram nada*

como um todo. Os pequenos e desconfortáveis poeiras começaram a se tornar mais atraentes. A qualidade dos filmes melhorou. Nasceu o longa-metragem americano.

A classe média burguesa, em função desse aumento de qualidade, começou a se sentir mais seduzida pelos filmes. Os atores, atrizes e cineastas passaram a ter seus trabalhos e seu nome reconhecidos pelo público. E os pequenos empresários da indústria cinematográfica, em grande parte imigrantes judeus proprietários de poeiras, transformaram-se na nova classe dominante do cinema. Fortalecidos, razoavelmente unidos e muito mais experientes que antes, começaram a ganhar importância dentro do setor nomes como Laemmle, Fox e Zukor, ao mesmo tempo que – com exceção da Vitagraph e da Pathé – todas as empresas que faziam parte do truste fechavam suas portas (processo que se completou em 1918). O próprio Thomas Edison retirou-se da atividade cinematográfica em 1917.

Tal inversão do eixo do poder não poderia ter ocorrido num momento histórico mais significativo: em 1914. Enquanto o truste e os independentes enfrentam suas derradeiras batalhas judiciais, outras batalhas muito mais sangrentas têm início na Europa. Começa a Primeira Guerra Mundial.

# 1908-1918 – COMEÇAM A SURGIR OS GRANDES ESTÚDIOS NORTE-AMERICANOS

As empresas independentes que se opuseram ao truste de Edison nasceram nos Estados Unidos com a finalidade de explorar a brecha de mercado formada pelos exibidores não licenciados pelo cartel. Se nos primeiros anos da década de 1910 o truste dominava aproximadamente 60% das salas de exibição do país, isso significava que havia um promissor mercado de quase 4 mil salas a ser disputado pelos produtores que não participavam do consórcio. Quatro mil salas que poderiam ser conquistadas com investimentos relativamente baixos, pois montar uma empresa cinematográfica não requeria, na época, um grande capital.

Por isso, data justamente da época de atuação do truste o surgimento dos embriões que resultariam nas grandes companhias cinematográficas norte-americanas famosas e respeitadas até hoje. Empresas que nasceram para concorrer com Edison e que cresceram com o enorme desenvolvimento que o mercado norte-americano experimentou em consequência da devastação europeia durante a Primeira Guerra Mundial (1914-1918). Não por acaso o período compreendido entre os anos de 1908 e 1918 foi tão importante para a estabilização definitiva da indústria do cinema nos Estados Unidos. Os nomes falam por si, e cada uma das histórias por trás do nascimento dessas empresas daria um grande filme.

Festa de inauguração dos estúdios da Universal.

## IMP/ UNIVERSAL – O SUCESSO DO ESTILO AGRESSIVO DE CARL LAEMMLE

A partir de 1907, quando Edison ainda não havia sequer conquistado a adesão da Biograph para a formação do seu futuro consórcio de empresas, começa a despontar a figura de Carl Laemmle. Sendo o décimo dos treze filhos de uma família judia de classe média, Laemmle nasceu em Laupheim, Alemanha, em 1867, onde trabalhou como guarda-livros e gerente de escritório. Ambicioso e aventureiro, com apenas 17 anos resolveu tentar uma vida melhor nos Estados Unidos, assim como milhões de conterrâneos fizeram na época. Foi mensageiro em Nova York, entregador de jornais em Chicago e passou por vários empregos até desembarcar na pequena cidade de Oshkosh, no estado de Wisconsin, onde arrumou emprego como gerente de uma loja de roupas. Mas Laemmle foi além: ali iniciou a grande virada da sua vida, casando-se com a filha do dono da loja e retornando para Chicago, onde investiu todas as economias (as dele e as da esposa) na montagem de um poeira. Inaugurou sua pequena sala de cinema em janeiro de 1906 e uma segunda dois meses depois.

O baixinho Carl Laemmle ao lado de um convidado especial: o próprio Buffalo Bill Cody.

Cena de *Traffic in Souls*, um dos primeiros grandes sucessos da Universal.

Exigente e minucioso, Carl Laemmle obteve bons lucros com suas salas, mas estava descontente com o nível de qualidade das distribuidoras locais. Resolveu então montar sua própria empresa de distribuição, a Laemmle Film Service, em 1906, que logo abriu escritórios em várias cidades norte-americanas e canadenses, alcançando os líderes do setor. Três anos mais tarde, desafiando o truste de Edison, entrou para o ramo da produção fundando a Independent Motion Picture Company of America (IMP), também conhecida como Independent Moving Pictures Company. No estúdio situado na esquina da 53$^{rd}$ Street com a Eleventh Avenue, em Nova York, surgiu *Hiawatha*, o primeiro filme da IMP. O estilo agressivo e intempestivo do pequenino Laemmle (que não media muito mais que um metro e meio) se refletia no direcionamento dado a sua empresa. A IMP não só veiculou uma ampla campanha publicitária denunciando os métodos pouco éticos do truste como também "roubou" da Biograph astros e estrelas como Florence Lawrence (a *Biograph Girl*), Mary Pickford e o diretor Thomas Ince, entre outros. E, para evitar pressões e represálias do truste, mandava os principais talentos de sua empresa para Cuba, onde rodava seus filmes em sigilo. Não por acaso a companhia fora batizada de IMP: mais que uma sigla, uma palavra que em inglês significa diabinho, criança travessa.

Pioneiro na implantação do *star-system* (que teria seu auge nas décadas seguintes), Laemmle, anonimamente, fez que chegasse à imprensa o boato de que sua estrela principal, Florence Lawrence, havia morrido num acidente de bonde. Somente para, no dia seguinte, publicar nos jornais anúncios indignados garantindo que Florence estava viva, trabalhando para a IMP, e que o público poderia aguardar com ansiedade seu próximo sucesso. Laemmle também veiculou uma campanha publicitária específica para comunicar a contratação de Mary Pickford. O slogan era *"Little Mary is an IMP now"*, frase com duplo sentido que poderia significar "A pequena Mary agora está na IMP" ou "A pequena Mary agora é uma diabinha". Laemmle investia em publicidade somas jamais imaginadas até o momento, quase sempre divulgando amplamente os nomes de seus atores e atrizes, procedimento bastante incomum na época.

Em 1912, a cisão ocorrida entre as empresas que formavam a Motion Picture Distributing and Sales Company provoca o nascimento da Mutual Film, que congregou dez dessas empresas, e da Universal Film Manufacturing Company, que uniu outras sete, incluindo a IMP, Bison 101, Nestor e Powers. Não demorou muito para que Carl Laemmle e Patrick Powers assumissem o controle da nova empresa, após um breve período em que Kessel e Baumann também eram seus sócios. No ano seguinte, mais uma atitude pioneira: a Universal decide colocar o dedo na ferida abordando um tema polêmico, a escravidão branca, e lança *Traffic in Souls*. A produção custou pouco mais de 5 mil dólares e obteve um rendimento bruto em torno de meio milhão, abrindo definitivamente o caminho para a fama de um nome que persiste até hoje.

## MUTUAL/ KEYSTONE/ TRIANGLE – AS COMÉDIAS DE SENNETT E OS ÉPICOS DE GRIFFITH

Já a Mutual Film Corporation, também nascida após o racha da Motion Picture Distributing and Sales Company, dedicava-se à distribuição. Ela foi fundada em 1912 por Harry E. Aitken, norte-americano de Wisconsin que no ano anterior havia estabelecido outra empresa cinematográfica, a Majestic Company. Boa parte do sucesso obtido pela Mutual veio por meio da Keystone, uma de suas subsidiárias na área de produção, também estabelecida naquele ano de 1912. Os fundadores da Keystone (os ex-corretores de apostas Adam Kessel e Charles Baumann, que chegaram a ser sócios de Carl Laemmle e Patrick Powers nos primeiros momentos da Universal) tiveram o grande mérito de tirar da Biograph talentos como os atores Fred Mace, Ford Sterling, Mabel Normand e, principalmente, o diretor Mack Sennett, que na Keystone viria a se transformar num dos papas da comédia cinematográfica norte-americana.

Mack Sennett era o nome artístico de Michael Sinnott, filho de imigrantes irlandeses, nascido em 1880, no Canadá. Sua voz potente sempre o incentivou a seguir a carreira de cantor de ópera, mas suas incursões nesse campo se limitaram a participações em corais de musicais da Broadway. Tentando uma carreira mais estável, a partir de 1908 passou a atuar como coadjuvante nos filmes da Biograph, sendo dirigido em várias oportunidades pelo legendário D. W. Griffith. Curioso por conhecer todas as etapas do processo fílmico, rapidamente aprendeu a editar e a operar a câmera, além de começar a participar da produção dos roteiros, tornando-se um dos diretores da Biograph em 1910. Mas foi na Keystone, dois anos mais tarde, que Sennett teve a oportunidade demonstrar todo o seu talento para a comédia. Ao lado de grandes atores cômicos como Roscoe "Fatty" Arbuckle (no Brasil, Chico Boia), Minta Durfee, Chester Conklin, Hank Mann, Charlie Chase e Edgar Kennedy, Sennett desenvolveu um estilo próprio de fazer rir, usando e abusando do pastelão, da montagem ágil, do ritmo frenético e dos roteiros que exploravam situações absurdamente irreais. Era grande também o sucesso dos Keystone Cops, ensandecidos e anárquicos policiais que provocavam verdadeiras crises de riso nas plateias com sua maneira frenética e quase surreal de combater o crime. Essas comédias curtas protagonizadas pelos Keystone Cops e outros comediantes foram, em décadas passadas, exaustivamente exibidas em coletâneas feitas para a TV sob o título de *Comedy Capers* (ou *Reis do Riso*, no Brasil).

Outro grande mérito da carreira de Sennett foi ter descoberto o talento de Charles Chaplin para o cinema. Ele iniciou sua carreira nas telas em 1914, protagonizando, só naquele ano, mais de trinta comédias curtas da Keystone sob a direção de Sennett. É dessa fase também o filme de seis rolos *Tillie's Punctured Romance*, considerado um dos primeiros longas-metragens cômicos da história, e que no Brasil foi lançada em vídeo com o equivocado título *Carlitos, o Inesquecível* (Chaplin não interpreta o personagem Carlitos nesse filme). Em 1915, a Keystone é absorvida pela Triangle Pictures, empresa

Os divertidos Keystone Cops, criação de Sennett.

fundada pelo próprio Harry Aitken, e dois anos mais tarde Sennett deixa a companhia, junto com boa parte de seu time de atores, para se tornar produtor independente. No filme *Chaplin*, de Richard Attenborough, Sennett foi interpretado pelo também canadense Dan Aykroyd.

Mas não só da Keystone vivia a Mutual Film. Em 1913, Harry Aitken contrata D. W. Griffith, que estava descontente com a Biograph, empresa para a qual trabalhava. A saída de Griffith de seu antigo emprego não fora das mais amigáveis. Em setembro daquele ano, o já conceituado cineasta se utilizou de uma página inteira do jornal *New York Dramatic Mirror* para anunciar, nada modestamente, que "D. W. Griffith, produtor de todos os grandes sucessos da Biograph, revolucionando o drama cinematográfico e fundando a técnica moderna dessa arte", encontrava-se agora à procura de um novo estúdio para continuar seu trabalho. Griffith recusou algumas propostas antes de aceitar o emprego na Mutual. Ele insistia que sua nova empresa deveria lhe proporcionar condições para a produção de filmes caros e longos, o que foi consentido por Aitken, e assim o negócio foi fechado. Em 1915, Aitken se une a Adam Kessel e Charles Baumann, da Keystone, e funda a Triangle Pictures, empresa que no curto período de apenas três anos conseguiu obter enorme prestígio no mercado cinematográfico dos Estados Unidos, já que contava com três dos maiores talentos da época: Griffith, Sennett e Thomas Ince.

*Vocês ainda não ouviram nada*

Da nova parceria Aitken/ Griffith surge, em 1915, aquele que é considerado um dos maiores clássicos do cinema norte-americano: *O Nascimento de Uma Nação*. Filho de um oficial confederado, o sulista Griffith era apaixonado pelos temas relacionados à Guerra Civil Americana. Por isso ficou entusiasmado com o romance, também adaptado para o teatro, *The Clansman*, de autoria de Thomas Dixon Jr. O texto de Dixon, nos dias atuais, seria considerado "politicamente incorreto", para utilizar uma expressão da moda. Ele faz a apologia do racismo, idolatra a Ku Klux Klan e ridiculariza a ascensão dos negros após a Guerra Civil. Griffith, simpático a todos esses temas, trabalhou o romance dando-lhe cores mais épicas, valorizando as cenas de guerra e propondo uma suposta união entre Sul e Norte com predominância da raça ariana.

Foram investidos 120 mil dólares no projeto, sendo metade destinada à produção e metade à divulgação (embora mais tarde fosse proclamado, para gerar publicidade, que o filme havia custado mais de 1 milhão de dólares), tendo como resultado pouco mais de três horas de uma superprodução jamais vista nos Estados Unidos até aquele momento. O valor dos ingressos teve de ser aumentado, com o mais barato passando a custar dois dólares. A trama básica retrata a família branca dos Camerons, da Carolina do Sul, como sendo uma vítima constante da crueldade dos negros. Dois de seus filhos haviam sido mortos na Guerra, sua casa é saqueada por soldados negros, uma das filhas se suicida para não ser atacada por um negro, e a mãe e o pai são milagrosamente salvos da tortura por uma brigada da Ku Klux Klan – a mesma brigada que tanto heroísmo já havia demonstrado em outras missões pelo país. Por sua técnica apuradíssima, linguagem inovadora, conteúdo e grandeza, *O Nascimento de uma Nação* marcou época e gerou polêmica. De um lado, os conservadores o aplaudiram com entusiasmo. De outro, foi duramente criticado pelos liberais, sendo até mesmo proibido em algumas localidades. E, no final das contas, as bilheterias foram extremamente generosas para Griffith e para a Mutual, que, animados pelo sucesso, partiram para o desenvolvimento de um projeto ainda mais ambicioso: *Intolerância*.

Decidido a se vingar da intolerância com que muitos setores da sociedade norte-americana criticaram *O Nascimento de uma Nação*, Griffith resolveu realizar mais uma superprodução, dessa vez tendo como tema justamente a intolerância humana no decorrer dos séculos. Abrangendo um período de quase 3 mil anos, seu novo projeto se propunha contar quatro histórias: a queda da Babilônia, a crucificação de Cristo, o massacre dos huguenotes em Paris e uma exposição sobre as atuais relações entre capital e trabalho, todas elas demonstrando quanto as ações do homem podem ser autoritárias e

A KKK ressurge com o polêmico *O Nascimento de uma Nação*.

desastrosas. Para a realização do faraônico *Intolerância* foi desenvolvido um cenário babilônico medindo nada menos que 1,5 quilômetro de largura por 90 metros de altura. As filmagens demoraram dois anos; construiu-se um tipo rudimentar de grua com 35 metros de altura, contrataram-se milhares de figurantes, balões foram utilizados para a realização de tomadas aéreas e – embora não haja dados exatos sobre orçamentos – estima-se que a produção do filme possa ter consumido mais de 2,5 milhões de dólares. Uma visão romantizada das filmagens de *Intolerância* pode ser encontrada no filme *Bom Dia, Babilônia*, dirigido pelos irmãos Taviani em 1987, no qual Charles Dance vive o papel de Griffith.

 O resultado foi igualmente megalômano: a primeira montagem tinha 42 rolos – oito horas de duração –, e Griffith queria exibi-la em programas duplos, sendo quatro horas na primeira sessão e mais quatro horas no dia seguinte. Os exibidores rejeitaram a ideia, argumentando que assim exigiriam demais do público; então Griffith se viu obrigado a reduzir sua obra para aproximadamente três horas. As bilheterias provaram que, dessa vez, qualquer que fosse a duração do filme, o cineasta estava mesmo exigindo demais de seu público. Lançado em setembro de 1916, *Intolerância*, apesar de ser considerado o mais espetacular e ambicioso filme realizado na era do cinema mudo, era de difícil entendimento para as plateias da época. As quatro histó-

*Vocês ainda não ouviram nada*

rias não eram contadas como episódios individuais, mas se entremeavam e se embaralhavam, confundindo a audiência. A mensagem sobre a intolerância humana também não estava muito clara e, contrariamente ao final "edificante" de *O Nascimento de uma Nação, Intolerância* passava uma sensação negativa de pessimismo, o que também desagradou às plateias. Além disso, o mesmo norte-americano conservador que aplaudiu o racismo de *O Nascimento de uma Nação* jamais poderia aprovar as cenas de nudez que ilustravam as orgias da Babilônia em *Intolerância*. Em especial depois de ter vazado a informação de que Griffith teria contratado dezenas de prostitutas para interpretar aqueles papéis.

Os resultados financeiros foram desastrosos para a continuidade da carreira de Griffith e para a saúde econômica dos negócios de Aitken. Após Mack Sennett e o próprio Griffith deixarem a empresa, a Triangle fechou suas portas em 1918. A Mutual foi incorporada pela Film Booking Offices of America (FBO; mais tarde, RKO), e Aitken se retirou do mercado cinematográfico em 1920.

## FAMOUS PLAYERS/ LASKY/ PARAMOUNT – SOCIEDADES, BRIGAS E FUSÕES

Vindo da Europa Oriental, Adolph Zukor foi mais um imigrante que naquele período se transformou em magnata do cinema. Nascido na cidade de Ricse, na Hungria, em 1873, Zukor desembarcou nos Estados Unidos com apenas 15 anos, chegando ao Novo Mundo numa época em que o cinema sequer havia sido inventado. O início de sua história foi igual ao de milhões de imigrantes: empregou-se como faxineiro em Nova York e aos poucos foi galgando degraus até constituir seu próprio negócio, no mesmo ramo.

Aos 30 anos, aventurou-se no próspero empreendimento dos *penny arcades*, seguindo o exemplo de vários de seus colegas vindos de outros países. Familiarizando-se com o teatro de variedades e com os profissionais que dele faziam parte, acabou conhecendo Marcus Loew, nova-iorquino filho de judeus austríacos, um destemido empreendedor que havia abandonado a escola aos 9 anos de idade e se tornado, aos 35, proprietário de pequenos poeiras em Manhattan e Cincinnati. Por volta de 1907, Loew já possuía uma cadeia de aproximadamente quarenta pequenas salas por todo o país, e com os negócios dando certo resolveu contratar Zukor como seu tesoureiro. O ano de 1912 foi decisivo para a dupla: Loew, com a sua empresa Loew's Theatrical Enterprises, havia multiplicado por dez o número de suas salas, enquanto Zukor, mais preocupado com a distribuição de filmes que com sua exibição, conseguiu arrecadar uma pequena fortuna ao se tornar distribuidor exclusivo, para todo o território norte-americano, do filme *Les Amours de la Reine Élisabeth,* um sucesso de quatro rolos que havia encantado as plateias europeias.

Com o dinheiro arrecadado, e claramente inspirado pelo cinema de arte francês, no mesmo ano Zukor abriu sua companhia, a Famous Players, adotando o slogan *"Famous Players in Famous Plays"* (atores famosos em peças famosas). Sua intenção era transpor para a tela basicamente as mesmas peças teatrais que faziam sucesso na Broadway, se possível interpretadas pelos mesmos atores dos palcos. O resultado artístico dos primeiros filmes da Famous Players pode não ter sido dos mais criativos, já que a inspiração teatral tornava suas produções lentas, muitas vezes cansativas, e consequentemente não apresentavam contribuições para o desenvolvimento da linguagem cinematográfica. Por outro lado, a empresa conferiu ao cinema um status artístico bastante importante para a época, atraindo para as salas escuras um público mais intelectualizado, que até aquele momento se mostrava refratário à ideia de admitir os filmes como expressão de arte. Passando a andar com as próprias pernas, Zukor desligou-se de Loew (que mais tarde participaria ativamente da fundação da legendária Metro-Goldwyn-Mayer) e associou-se, em 1916, à Jesse L. Lasky Feature Play Company, formando a Famous Players-Lasky Corporation.

A Jesse L. Lasky Feature Play Company, por sua vez, havia sido fundada em 1913 por três homens que mais tarde teriam importância fundamental dentro da história do cinema: Cecil B. DeMille, Samuel Goldfish e o próprio Jesse L. Lasky, que deu seu nome à empresa. Nascido em 1881 em meio a uma família de sangue artístico, o norte-americano de Massachusetts Cecil Blount DeMille desde cedo travou contato com o teatro. Seu pai, sua mãe e seu irmão mais velho, William, escreveram várias peças, o que incentivou o jovem Cecil a se matricular na Academia de Artes Dramáticas de Nova York. Aos 19 anos de idade, ele estreou nos palcos da cidade grande, passando mais tarde a administrar uma pequena companhia de teatro de propriedade de sua mãe. Em 1913, DeMille se associa ao empresário de *vaudevile* Jesse Lasky e ao vendedor de luvas Samuel Goldfish para a fundação da empresa cinematográfica que levaria o nome de Lasky.

Samuel Goldfish era polonês de Varsóvia, e tinha quase a mesma idade que DeMille. Ao contrário de seu sócio – nascido e criado em berço teatral –, Goldfish passou toda a sua infância e adolescência sem praticamente nenhum contato com o meio artístico. Com apenas 11 anos trocou a Polônia pela Inglaterra, trabalhando como ferreiro. Dois anos mais tarde, resolveu tentar a

Pôsteres promocionais de dois filmes produzidos por Lasky e lançados pela Paramount.

vida nos Estados Unidos, aonde chegou sozinho e sem nenhum dinheiro. Arrumou emprego como aprendiz numa empresa de manufatura de luvas em Nova York, ganhando três dólares por semana, dinheiro que, se não era muito, pelo menos lhe garantia um mínimo de sustento e instrução numa escola noturna. De aprendiz passou a operário profissional e, aos 18 anos, foi transferido para o setor de vendas, tendo a oportunidade de mostrar todo o seu talento como homem de negócios e tornando-se um dos mais bem-sucedidos vendedores de luvas de Nova York. Ao completar 28 anos casou-se com Blanche Lasky, irmã de Jesse Lasky, que na época já era empresário de *vaudevile*. Com talento, persistência e determinação, Goldfish conseguiu convencer seu cunhado de que a indústria do entretenimento estava dando adeus aos espetáculos teatrais, e que seria um grande negócio abrir uma empresa especificamente dirigida à produção de filmes. Suas argumentações típicas de bom vendedor foram certeiras, e a empresa foi formada.

Lasky, nascido em São Francisco, em 1880, também havia experimentado ricas e exóticas vivências profissionais, desde seu antigo emprego como repórter até uma tentativa fracassada de enriquecer durante a corrida do ouro, no Alasca, passando por uma experiência musical ao atuar como *bandleader* no Havaí. Esgotadas as possibilidades no Alasca e na costa do Pacífico, Lasky retornou a São Francisco e montou uma parceria musical com sua irmã Blanche, com a intenção de apresentar espetáculos no *vaudevile*. Empreendedor e ambicioso, em pouco tempo ele passou de artista a empresário e promotor de shows, ocupando seu espaço no mercado dos espetáculos de variedades. Como homem de visão, a proposta do cunhado Samuel Goldfish lhe pareceu bastante tentadora e, dessa forma, foi fundada em 1912 a Jesse L. Lasky Feature Play Company, com o próprio Lasky como presidente, Cecil B. DeMille como diretor artístico e Samuel Goldfish fazendo as vezes de tesoureiro e diretor administrativo.

Goldfish provou rapidamente que sua ideia estava certa. O primeiro filme da companhia, *The Squaw Man*, de 1914, foi um sucesso imediato de público, transformando-se num marco na história dos faroestes. Dois anos mais tarde, visando expandir seus negócios, a Lasky associou-se à Famous Players, de Adolph Zukor, nascendo assim a já citada Famous Players-Lasky Corporation. Na divisão de cargos, Zukor tornou-se o presidente da nova empresa e Lasky, o vice; Goldfish discordou da nova formação da diretoria e entrou em conflito direto com Zukor e Lasky – afinal, a ideia de entrar para o ramo cinematográfico havia sido dele, e, se alguém deveria assumir o posto de presidente ou mesmo de vice-presidente da nova empresa, esse alguém seria ele próprio. Como DeMille concordava com a estrutura da recém-fundada Famous Players-Lasky, todos os conflitos passaram a girar em torno da forte e agressiva personalidade de Goldfish, tornando a situação da empresa insustentável. Assim, naquele mesmo ano de 1916, os sócios chegaram à conclusão de que a única maneira viável de resolver as brigas internas da companhia seria comprar a parte de Goldfish, o que acabou acontecendo, sendo que o negócio foi fechado pela quantia de 900 mil dólares. O ex-vendedor de luvas, após vender suas cotas para Lasky e Zukor, foi seguir seu próprio caminho dentro da indústria do cinema. Caminho, por sinal, que seria repleto de glórias e sucessos.

Obviamente, nos dias de hoje nenhum desses nomes – Lasky, Zukor ou Famous Players – soa familiar quando se pensa nas razões sociais dos grandes estúdios cinematográficos norte-americanos. Na realidade, tais nomes acabaram sendo substituídos por um muito mais famoso – Paramount – por uma questão de marketing. A partir de 1914, ou seja, dois anos antes de unirem suas companhias, tanto Zukor quanto Lasky passaram a distribuir seus filmes por intermédio de uma pequena empresa, fundada naquele mesmo ano por W. W. Hodkinson, antigo membro da General Film Company. O nome dessa pequena firma era Paramount Pictures Corporation. Com o crescimento acelerado da Famous Players-Lasky, vários outros pequenos estúdios foram sendo absorvidos por ela, inclusive a própria distribuidora Paramount.

Os negócios se tornavam mais e mais rentáveis, e a quilométrica razão social Famous Players-Lasky Corporation se mostrava cada vez mais inadequada, revelando-se um nome de pouco apelo mercadológico e comercial. Os sócios então decidiram adotar o nome da companhia distribuidora por eles incorporada, e a empresa passou a se denominar Paramount Famous Lasky Corporation em 1930, assumindo sua forma final, Paramount Pictures, em 1935.

E que caminho teria tomado Samuel Goldfish, sócio dissidente da Famous Players-Lasky? Em 1917, pouco depois de vender sua parte na sociedade, Goldfish se associou a outro empresário da indústria do cinema, Edgar Selwyn, decidido a permanecer no ramo e a fazer fortuna com os filmes. Selwyn era americano de Cincinnati, sendo um ex-ator de teatro que em 1912 fundara, em parceria com seu irmão, a All-Star Feature Film Company. A fusão entre a All-Star e Samuel Goldfish originou a Goldwyn Pictures Corporation, razão social formada pela junção dos sobrenomes Goldfish e Selwyn. Goldfish apostou na nova empresa de maneira tão entusiasmada que no ano seguinte alterou legalmente seu nome para Samuel Goldwyn.

## FOX – A VAMPE E O CAUBÓI GARANTEM AS BILHETERIAS

Histórias de fortunas que se formaram graças ao esforço e à sagacidade de pessoas humildes, criadas no Lower East Side de Nova York, hoje em dia soam falsas. Parecem roteiros de filmes pouco criativos. Mas foi justamente isso o que aconteceu com o judeu húngaro Wilhelm Fried, que saiu em 1879 da pequena cidade da Tolcsva, com apenas 9 meses de idade, emigrando para os Estados Unidos. Assim como Carl Laemmle, Fried também tinha doze irmãos. Ao chegar a Nova York ele ganhou um novo nome – William Fox –, e logo cedo teve de trabalhar muito para ajudar a sustentar a numerosa família. O chamado "sonho americano" parecia distante para aquele garoto que percorria as ruas da cidade grande vendendo jornais, doces e limpando fogareiros. Como tornou-se impossível conciliar o estudo com esses pequenos serviços, aos 11 anos William abandonou a escola e passou a atuar em vários empregos, quase sempre no setor de vestuário. Tornou-se alfaiate aos 21 anos, ganhando 25 dólares por semana, e com o dinheiro economizado logo conseguiu abrir uma pequena loja de nome, no mínimo, curioso: The Knickerbocker Cloth Examining and Shrinking Company, uma espécie de companhia especializada em reformar roupas de baixo.

Em 1904, com 25 anos, Fox já havia conseguido juntar uma pequena fortuna estimada em 50 mil dólares, o que o motivou a vender sua empresa e partir para um ramo muito mais apaixonante que o da reforma de cuecas e calcinhas: o *show business*. Comprou, então, de J. Stuart Blackton – o presidente da Vitagraph – um decadente *penny arcade*, reformou-o e passou a apresentar filmes e shows mambembes cobrando cinco centavos pelo ingresso. Em pouco tempo, montou uma rede de quinze salas nas regiões do Brooklyn e de Manhattan e fundou uma empresa de distribuição de filmes, a Greater New York Rental Company. Em 1912, recusando-se a ceder às pressões do truste de Edison, Fox ingressou na produção cinematográfica e fundou mais uma empresa, a Box Office Attraction Company. Três anos mais tarde, o próspero empresário decidiu unir suas duas empresas, e também a rede de salas de exibição, sob uma única razão social, que levaria o seu nome. Nasceu assim a Fox Film Corporation, uma pequena companhia familiar administrada basicamente pelo próprio William e sua esposa, Eve, que selecionava roteiros e até supervisionava as produções.

A nova empresa começou a crescer não somente graças à competência do casal como também à fama de alguns de seus atores e atrizes, que se tornaram verdadeiras lendas do cinema mudo. Entre eles, William Farnum, Betty Blythe, Annette Kellerman (atriz e atleta conhecida por suas habilidades como nadadora e apelidada de *Diving Venus*, ou "Vênus Mergulhadora") e, principalmente, Theda Bara e Tom Mix.

Theda Bara era uma mulher de poderes místicos, nascida em pleno deserto do Saara, filha de um artista francês com sua amante egípcia. Seu nome provinha do anagrama de *Arab death* ("morte árabe") e seu olhar penetrante tinha o poder de hipnotizar os mais incautos. Isso, pelo menos, era o que a Fox alardeava a seu respeito. Na realidade, seus colegas sabiam que Theda Bara era apenas o pseudônimo de Theodosia Goodman, nascida em 1885 em Cincinnati, filha de um alfaiate. Passou de atriz desconhecida a estrela do dia para a noite ao interpretar uma mulher fatal em *A Fool There Was*, de 1915, filme baseado no poema de Kipling intitulado "O Vampiro". Esbanjando sensualidade e tornando popular a frase *"Kiss me, my fool!"* ("Beije-me, idiota!"), Theda era conhecida como *The Vamp* ("A Vampe"), e não se fazia de rogada ao encenar, fora das telas, a mesma personagem que a havia consagrado no celuloide. Para tanto, ela recebia a imprensa num quarto cuja cenografia era especialmente preparada para ela, com caveiras, escravos, corvos e até uma serpente. Na hora de filmar, utilizava uma maquiagem azul, para realçar sua palidez. E passeava nas ruas a bordo de uma limusine branca, em companhia de seus "escravos".

*Vocês ainda não ouviram nada*

1917: a atriz americana Theda Bara veste a clássica roupa de Cleópatra.

Com um salário de 4 mil dólares semanais, Theda estrelou mais de quarenta filmes entre 1914 e 1919, quase sempre no papel de mulheres fatais como Carmen, Madame du Barry, Salomé ou Cleópatra. Porém, à medida que o cinema foi se sofisticando e se profissionalizando, as plateias se tornaram mais exigentes, passando a não mais aceitar as caracterizações exageradas da atriz. Em 1919, Theda, já com a popularidade abalada, troca Hollywood pelos teatros da Broadway, só retornando ao cinema para fazer três filmes: *The Prince of Silence*, em 1921; *The Unchastened Woman*, em 1925; e *Madame Mystery*, no ano seguinte, um curta-metragem cômico codirigido por Stan Laurel, o Magro de "O Gordo e o Magro". Nele, Theda Bara parodiava a si mesma e seus papéis de vampe. Com esse filme, ela deu sua carreira por encerrada e ninguém mais ouviu falar da misteriosa "saariana" até 1955, ano em que faleceu de câncer.

Outra mina de ouro da Fox foi Tom Mix, vendido para o público como sendo um heroico caubói, filho de um oficial da cavalaria americana e educado no conceituado Virginia Military Institute. Segundo o material de publicidade do estúdio, Tom Mix lutou na Guerra Hispano-Americana, na Insurreição Filipina, na Rebelião dos Boxers e na Guerra dos Bôeres. Mas sua história real o classifica como uma Theda Bara com chapéu de caubói: ele também era um produto fabricado pela Fox. Thomas Hezikiah Mix nasceu

Tom Mix, um dos maiores astros da Fox, em foto do início da década de 1920.

em Mix Run, na Pensilvânia, em 1880. Na verdade, era filho de um lenhador e abandonou a escola ainda nos primeiros anos de ensino. Serviu, de fato, na cavalaria, mas não foi além de sargento; jamais foi visto em nenhum campo de batalha, e em 1902 seu nome foi relacionado na lista de desertores do Exército americano. Tinha desde pequeno grande habilidade como cavaleiro; foi membro do Miller Brothers 101 Ranch Wild West Show (uma equipe de exibição de acrobacias com cavalos) e tornou-se campeão norte-americano de rodeio. Entrou no cinema pela estrebaria, contratado pela Selig Polyscope como treinador de peões, amestrador de cavalos para os filmes de faroeste e eventual ator em papéis secundários. Entre 1911 e 1917, Mix participou de mais de uma centena de faroestes curtos da Selig, tornando-se um astro e provavelmente o caubói mais famoso do cinema mudo.

Com a decadência da Selig, Tom Mix foi contratado, em 1917, pela Fox, e seus filmes passaram a contar com roteiros, produção e acabamento de melhor nível. Seu sucesso abriu caminho para outros caubóis no cinema, mas Mix era imbatível. Além de ator principal, ele também dirigia alguns de seus filmes e cuidava muito bem de seu marketing pessoal. O casamento de sucesso durou onze anos, até 1928, quando Mix – mesmo recebendo um salário milionário de 17 mil dólares semanais – trocou a Fox pela FBO, empresa em que realizou seus últimos filmes mudos. Viajou durante três anos com o circo Ringling Brothers e retornou ao cinema em 1932 para realizar alguns faroestes – agora sonoros – para a Universal. Deixou o cinema em 1935 e faleceu cinco anos mais tarde, vítima de um acidente de automóvel. Seu sucesso foi mais duradouro que sua vida. *The Tom Mix Show*, seriado radiofônico baseado nas histórias e na popularidade do astro, permaneceu no ar durante dezessete anos, de 1933 até 1950, dez anos após sua morte.

Tom Mix e Theda Bara foram decisivos para a consolidação da Fox Film Corporation entre as grandes empresas do setor. O nome 20th Century Fox só teria lugar a partir de 1935, com a fusão da veterana Fox com a produtora 20th Century, fundada dois anos antes por Joseph M. Schenck e Darryl F. Zanuck.

## UNITED ARTISTS – OS GÊNIOS UNIDOS

Depois de conhecer a fama e a fortuna na Keystone (em 1914), na Essanay (1915), na Mutual (1916 e 1917) e na First National (a partir de 1918), Charles Chaplin decidiu que já estava suficientemente rico e famoso para fundar a sua própria companhia. E estava mesmo. Afinal, na Keystone ele recebia 150 dólares semanais (lá participou de 35 filmes). Na Essanay seu salário subiu para 1.250 dólares por semana, e na Mutual Chaplin quebrou todos os recordes salariais da época: 10 mil dólares semanais, mais um bônus de 150 mil dólares. Em 1918, ocoreu um verdadeiro escândalo no mercado: o novo contrato, agora com a First National, lhe garantia 1 milhão de dólares por apenas oito filmes de dois rolos cada um.

No ano seguinte, ele se reúne a outros três mitos do período – D. W. Griffith, Mary Pickford e Douglas Fairbanks – para fundar a United Artists, muito mais uma distribuidora que propriamente um grande estúdio de produção. Tanto que, mesmo sendo um dos sócios-proprietários da United, Chaplin não se desliga da First National, empresa para a qual realiza um dos seus maiores sucessos: *O Garoto*, de 1921.

Douglas Fairbanks – outro dos "artistas unidos" fundadores da United – era o nome artístico de Douglas Elton Thomas Ullman, nascido na cidade de Denver, em 1883. Fairbanks, na verdade, era o sobrenome do primeiro marido de sua mãe. Ele estreou no teatro local aos 12 anos e aos 17 mudou-se, junto com a família, para Nova York. Fez alguns serviços como mensageiro, passou rapidamente por Harvard, viajou pela Europa, mas a Broadway lhe era inevitável. Estreou aos 19 anos na peça *Her Lord and Master*, e seguiu carreira pelos palcos de Nova York até os 24 anos, quando largou tudo para se casar

Douglas Fairbanks e Mary Pickford em *The Tamming of the Shrew* (1929), único filme em que aparecem juntos.

com Anna Beth Sully, filha de um industrial. Passou a trabalhar para o sogro, numa companhia de sabão.

    Felizmente para o mundo artístico, a empresa faliu menos de um ano depois, e em 1908 Fairbanks retornou ao teatro. Por volta de 1910, ele já era um dos mais conceituados, respeitados e admirados atores da Broadway. Charmoso, atraente e muito ágil fisicamente, não demorou muito para que os executivos de Hollywood o chamassem para atuar no cinema. Em 1915, assina contrato com a Triangle e realiza seu primeiro filme, sob a supervisão de Griffith, que considerou sua performance muito exagerada. O público não concordou com o cineasta, e elegeu Fairbanks como um novo herói das telas. O sucesso foi tanto que, já no seu segundo ano de cinema, o astro se tornou empresário, fundando a Douglas Fairbanks Film Corporation.

    Entre as atribuições de Fairbanks como astro e mito estava a de realizar viagens pelo país, promovendo a venda de bônus de guerra. Numa dessas turnês patrióticas, apaixonou-se por Mary Pickford, na época também uma estrela de primeira grandeza. Mary tinha passado pela Biograph, IMP, Majestic, Famous Players, First National (que lhe pagava 350 mil dólares por filme) e já havia até fundado sua própria empresa, a Mary Pickford Company. O romance entre os dois astros era a mais perfeita tradução do sonho hollywoodiano de poder, riqueza e felicidade. Recém-saída de um divórcio com o ator

*Vocês ainda não ouviram nada*

Owen Moore, Mary também se apaixonou por Fairbanks. Tornaram-se sócios na United em 1919, casaram-se no ano seguinte e construíram uma luxuosa mansão chamada Pickfair (união das partes iniciais dos nomes Pickford e Fairbanks). Coisa de cinema.

Durante os anos do cinema mudo, a United Artists obteve bons lucros e bastante prestígio distribuindo filmes de qualidade não somente de seus proprietários como também de outras estrelas da época, como Rodolfo Valentino, Buster Keaton e Gloria Swanson. Mas o cinema falado trouxe novos ídolos, comprometendo a carreira de seus sócios, individualmente, e da empresa, coletivamente.

Vendo sua fama entrar em declínio no final da década de 1920, Mary Pickford aposentou-se da carreira de atriz de cinema em 1933, no mesmo ano em que se separou de Fairbanks (o divórcio oficial viria três anos mais tarde). Continuou participando de programas de rádio e publicou também vários livros, entre eles uma autobiografia, em 1955. Atuou no ramo de cosméticos, doou dezenas de seus filmes para os arquivos do American Film Institute, recebeu um Oscar especial em 1976 e faleceu em 1979, aos 87 anos.

Já Fairbanks casou-se novamente em 1936 (com a ex-corista Sylvia Ashley), mas a união só durou três anos. Em 1939, ele morreu dormindo, vítima de um ataque cardíaco.

D. W. Griffith foi o sócio da United Artists que mais se desentendeu com seus colegas. Seus filmes rodados nos anos 1920 e 1930 não foram exatamente sucessos de bilheteria, e aos poucos ele foi se desfazendo de suas ações da empresa.

Dentre os quatro fundadores, Chaplin foi o que soube prolongar o sucesso por mais tempo. Realizador de obras-primas como *Em Busca do Ouro* (1925), *O Circo* (1928) e tantas outras, ele resistiu com todas as suas forças à chegada do som ao cinema. Teve a coragem e a ousadia de continuar fazendo filmes mudos – *Luzes da Cidade* (1931) e *Tempos Modernos* (1936) – em plena febre do cinema falado. Acusado de ser comunista, foi expulso dos Estados Unidos em 1952. Logo depois, juntamente com a sócia remanescente, Mary Pickford, Chaplin decidiu abrir mão da United. O nome e a logomarca da empresa ainda podem ser vistos nos dias de hoje, abrindo os créditos de vários filmes, mas a empresa já passou por inúmeras transformações desde o contrato original de 1919, que reuniu, de uma só vez, quatro dos maiores gênios (e das maiores fortunas) do cinema, de todas as épocas.

Após *Tempos Modernos*, de 1936, Chaplin só faria mais cinco filmes nos trinta anos seguintes, sendo o último deles lançado em 1967. Morreu no Natal de 1977, aos 88 anos de idade.

## COLUMBIA, CARNE E REPOLHO

Seu pai era um alfaiate judeu alemão. Sua mãe, polonesa. Logo nos primeiros anos, ele abandonou a escola para fazer pequenos serviços, de vendedor de peles a condutor de bondes. A família – pai, mãe, quatro filhos e uma filha – se espremia num pequeno apartamento na East 88th Street, em Nova York.

Uma história conhecida que se repete aqui referindo-se a Harry Cohn, um nova-iorquino que entrou no mundo do show business em 1912, aos 21 anos, pela porta do teatro de variedades, como cantor. Seis anos mais tarde, seu irmão mais velho, Jack – um bem-sucedido supervisor de produção da IMP/ Universal – consegue arranjar-lhe um emprego como secretário particular do chefão da empresa, Carl Laemmle.

Logo os dois irmãos percebem que o cinema como negócio, indústria e entretenimento poderia ser muito lucrativo. Em 1920, eles se unem a outro empregado de Laemmle, o advogado Joe Brandt, combinam as iniciais de seus sobrenomes e fundam a CBC Film Sales Corporation. A estrutura era simples: enquanto Jack Cohn e Brandt permaneceram em Nova York cuidando dos setores de vendas e administração, Harry foi a Holywood, para trabalhar na área da produção. O primeiro longa-metragem da nova empresa – um melodrama sobre um marido ciumento, chamado *More to Be Pitied Than Scorned* – foi lançado em 20 de agosto de 1922.

Obstinado, Harry em pouco tempo se infiltrou nos meandros da produção de filmes, aprendendo todos os truques e macetes do setor, como, por exemplo, comprar pontas de negativos virgens dos grandes estúdios, a preços bem menores. Trabalhar diretamente com Laemmle lhe ensinou a ser inflexível e determinado, e dessa forma os negócios começaram a prosperar. Entre agosto de 1922 e dezembro de 1923, a CBC lançou dez longas. Nenhum grande sucesso, mas também nenhum fracasso. Céticos em relação à nova empresa, os concorrentes passaram a chamar a CBC de *Corned Beef and Cabbage* (ou seja, carne enlatada e repolho).

Ofendido com o apelido, Harry decidiu mudar a razão social do estúdio para Columbia Pictures Corporation, nome que passou a vigorar em 10 de janeiro de 1924. A mudança, porém, não foi só de nome: novos escritórios foram inaugurados no número 729 da 7th Avenue, em Nova York, e os estúdios da Califórnia passaram a ocupar o número 6.070 da Sunset Boulevard, em Hollywood. Joe Brandt era o presidente, Jack o responsável pelas vendas e Harry pela produção. Além de presidir a Columbia, uma das principais atribuições de Brandt era administrar as incessantes brigas entre os irmãos.

Uma das filosofias da empresa era concentrar os investimentos na produção de filmes, descartando a compra de salas de exibição, contrariamente ao que faziam a Paramount, Universal e MGM. O primeiro filme de grande sucesso da Columbia foi *The Blood Ship*, de 1927, um drama com Hobart Bosworth no papel principal e George B. Seitz na direção. Os melhores dias da empresa, porém, estavam reservados à fase do cinema falado, principalmente depois que Harry Cohn decidiu contratar Frank Capra para o seu time de diretores.

## SURGE O PRIMEIRO LONGA-METRAGEM... NA AUSTRÁLIA

A luta entre o cartel de Edison e os produtores independentes provocou, entre outras consequências, o nascimento do longa-metragem americano, em 1912. Mas o pioneirismo mundial na produção de longas não cabe aos Estados Unidos. Nem à Europa. Na verdade, o primeiro longa-metragem que a história registra é *The Story of the Kelly Gang*, realizado na Austrália, em 1906. Produzido pela companhia teatral J. & N. Tait, de Melbourne, o filme foi totalmente rodado em locações, tinha pouco menos de setenta minutos de duração e demorou seis meses para ficar pronto. Custou aproximadamente setecentos dólares e rendeu mais de 35 mil. Sua estreia aconteceu no Athenaeum Hall, em Melbourne, um dia depois do Natal de 1906. O Kelly do título é Ned Kelly, famoso bandido australiano que viveu entre 1855 e 1880 e que já foi retratado no cinema em várias oportunidades, incluindo um filme de 1970 com Mick Jagger no papel-título.

Já o primeiro longa-metragem produzido na Europa foi o filme francês *L'Enfant Prodigue*, lançado no Théâtre des Variétés do Boulevard Montmartre, em Paris, no dia 20 de junho de 1907. Com noventa minutos de duração e direção de Michel Carré, *L'Enfant Prodigue* era puro teatro filmado, baseado na peça de mesmo nome, com praticamente nenhuma adaptação para a linguagem cinematográfica. Além desse pioneirismo, os franceses também guardam o mérito de terem realizado, alguns anos mais tarde, o primeiro longa-metragem europeu escrito e dirigido de forma especificamente cinematográfica. Trata-se de *Les Misérables*, de 1913 (não deve ser confundido com o filme de mesmo nome produzido pela Vitagraph), realizado na França pelos estúdios de Charles Pathé.

O primeiro longa inglês só seria lançado em 1912: *Oliver Twist*, coincidentemente homônimo ao primeiro longa-metragem americano. Em função dessa coincidência de nomes, alguns autores mais desavisados tendem a acreditar que se trata do mesmo filme. Mas, na realidade, o *Oliver Twist* norte-americano, produzido pela Vitagraph, foi lançado no mercado três meses antes do britânico. A versão inglesa tinha quatro rolos, foi dirigida por Thomas Bentley e produzida pela Hepworth, sendo lançada em agosto de 1912.

Austrália (em 1906), França (1907), Alemanha, Dinamarca, Itália, Espanha, Polônia, Rússia e Sérvia (1911), Áustria, Grécia, Hungria, Japão, Noruega, Romênia, Inglaterra e Estados Unidos (1912) foram os países pioneiros na produção de longas-metragens. O primeiro longa-metragem produzido no Brasil é de 1913, ano em que o português Francisco Santos realiza na cidade gaúcha de Pelotas seu ambicioso *O Crime dos Banhados*, uma história policial com mais de duas horas de duração.

# SILÊNCIO NAS TELAS; GARGALHADAS NA PLATEIA

É certo que – à exceção do musical – todos os gêneros cinematográficos nasceram já na época do cinema sem fala. Porém, nenhum deles foi tão associado aos filmes mudos como a comédia. É como se a comédia muda fosse a própria essência das primeiras décadas do cinema, uma perfeita interação de imagens, movimentos e situações impossíveis que arrancavam gargalhadas das plateias. Foram dezenas os cômicos e *clowns* que surgiram, fizeram sucesso, enriqueceram (ou não) e desapareceram durante os anos do cinema mudo.

Uns foram totalmente esquecidos. Outros se transformaram em ícones, em mitos, e ainda permanecem vivos em mostras especiais, cineclubes, pôsteres, camisetas, locadoras ou eventualmente em emissoras de TV.

Considerados cômicos mudos por excelência, três astros são unanimemente considerados gênios da comédia dos primórdios: Buster Keaton, Charles Chaplin e Harold Lloyd.

Keaton e o cinema nasceram no mesmo ano: 1895. Batizado de Joseph Frank Keaton VI, *Buster* (em inglês, algo como "arrasador", "demolidor"), nasceu em 4 de outubro na pequena cidade de Piqua, no Kansas. Na realidade, Piqua era o município mais próximo da estrada onde o pequeno Joseph nasceu, pois seus pais – sempre em trânsito – eram artistas performáticos ambulantes, ao mesmo tempo que vendiam produtos medicinais.

Ao contrário do que se pode pensar, "Buster" não foi um nome escolhido por Keaton para entrar no mundo artístico. O apelido lhe foi dado

Charles Chaplin em cena do clássico *O Garoto*.

meio que por acaso pelo famoso mágico Harry Houdini, ao presenciar uma queda do garoto, então com 6 meses de idade, de uma escadaria, durante um show de seus pais – ele saiu ileso. Vivendo entre artistas, Buster estreou em shows cômicos aos 3 anos, interpretando... um esfregão. No número, seu pai usava-o para varrer o chão, e ele ficava rijo, imitando uma vassoura. Naqueles tempos difíceis, ele, seu pai e sua mãe formavam o grupo The Three Keatons.

Pouco depois, a pequena trupe abandonou as estradas e se estabeleceu no teatro de variedades, sendo que o show passou a se chamar "Buster, com a participação de Joe e Myra Keaton".

Em 1917, o alcoolismo de Joe Keaton obrigou o trio a encerrar suas atividades, mas na época Buster já havia se transformado num ator performático de grande sucesso no meio teatral. Foi nesse ano que veio o convite para atuar no cinema, como coadjuvante numa série de comédias curtas, estreladas e dirigidas pelo cômico Roscoe "Fatty" Arbuckle e produzidas por Joseph Schenck. Keaton e Arbuckle atuaram juntos entre 1917 e 1919. Nesse período, ambos realizaram vários curtas – a maioria perdida por falta de con-

*Vocês ainda não ouviram nada*

servação – e Buster ainda teve tempo de viajar até a França, onde se uniu à 40ª Divisão de Infantaria, para lutar durante a Primeira Guerra.

Terminado o conflito, Schenck passou a produzir uma série de novas comédias – agora estreladas por Buster –, que eram distribuídas pela Metro e pela First National. Para viabilizar a produção, Schenck comprou os antigos estúdios de Charles Chaplin, rebatizando-os como Buster Keaton Studios. O primeiro curta da nova safra foi lançado em setembro de 1920, e já em outubro Buster estreava o primeiro longa em que atuava como ator principal: *The Saphead.*

Foi preciso pouco tempo para que o estilo marcante do comediante conquistasse as plateias. No clássico *One Week*, também de 1920, Buster se envolve nas mais divertidas situações ao tentar transportar uma casa móvel pré-fabricada. Em *Cops*, de 1922, ele participa de uma gigantesca e hilariante caçada humana, sendo perseguido por centenas de policiais. Em meados de 1921, a empresa de Schenck muda seu nome para Buster Keaton Productions. E, no mesmo ano, o humorista se casa com Natalie Talmadge, cunhada de Schenck.

O humor dos filmes de Buster é refinado, inteligente, muitas vezes sutil e repleto de novidades que encantam o público. Em *The Play House*, de 1921, um sonho surreal mostra um teatro onde Buster Keaton encena para uma plateia composta de clones seus. A cena exigiu efeitos especiais intrincados para a época. Toda essa genialidade tornava-se ainda mais divertida graças a uma particularidade que se tornou a marca registrada do ator: ele jamais ria em cena. Acontecesse o que acontecesse, ele nunca sequer esboçava um sorriso.

Em 1923, a dupla Keaton/ Schenck decide priorizar os longas-metragens. Realizam *The Three Ages* – que satiriza *Intolerância*, de Griffith –, *Our Hospitality* – tido como a primeira obra-prima de Buster – e, em 1924, *Sherlock Jr.*, mostrando um projecionista de cinema que oscila entre a realidade e fantasia das telas. Assim como Chaplin, Buster Keaton escreve, dirige, produz, atua. Só não faz a trilha sonora. Os sucessos parecem vir em fila: *The Navigator* (1924), *Seven Chances* e *Go West* (ambos de 1925), *Battling Butler* (1926) e um de seus mais consagrados clássicos, *A General*, também de 1926. Presença constante nas inevitáveis listas dos melhores filmes de todos os tempos, *A General* mostra um soldado da Guerra Civil Americana às voltas com uma locomotiva desgovernada, o que dá margem a divertidas, inteligentes e criativas sucessões de gags cômicas.

Em 1928, Buster assina contrato com a MGM, numa atitude que ele mesmo considerou – mais tarde – o maior erro de sua carreira. Na nova em-

Buster Keaton se equilibra na frente de um trem em *A General*, de 1927.

presa, ele perdeu o controle criativo total sobre as suas obras, o que reduziu a qualidade de seus filmes. A chegada do cinema falado e a crise no casamento com Natalie levaram Buster ao alcoolismo, a uma clínica psiquiátrica e à decadência.

Porém, sua carreira nunca desabou por completo. Até 1966, ano de sua morte, Buster Keaton viveu vários períodos de altos e baixos. Participou de programas ao vivo em emissoras de rádio e televisão, fez alguns filmes na Europa e no Canadá, recebeu homenagens, atuou em comerciais e realizou uma histórica participação em *Luzes da Ribalta*, de 1952: ali, por alguns minutos, Keaton e Chaplin – dois dos maiores gênios do cinema de todos os tempos – atuaram juntos no mesmo filme. Pela primeira e última vez.

Quanto a Chaplin, é praticamente impossível acrescentar algo que ainda não tenha sido dito, escrito ou filmado. Seu nome está profundamente associado à própria história do cinema, e se fosse necessário eleger um único ícone que representasse a atividade cinematográfica como um todo, talvez essa imagem devesse ser a do vagabundo criado por ele.

Em sua extensa autobiografia, no documentário inglês *Unknown Chaplin* (no Brasil, *O Chaplin que Ninguém Viu*), em inúmeros livros e mesmo no filme *Chaplin*, de Richard Attenborough, a vida e a obra desse verdadeiro gênio do cinema podem ser apreciadas nos mais sutis detalhes.

*Vocês ainda não ouviram nada*

# HAROLD LLOYD, O HOMEM-MOSCA

Antes mesmo de Charles Chaplin e Buster Keaton, Harold Lloyd já havia estreado no cinema. O primeiro filme em que ele apareceu foi rodado pela companhia de Edison, em 1913, ou seja, um ano antes de Chaplin e quatro antes de Keaton. Apesar de fazer apenas uma pequena ponta, interpretando um índio que trabalhava como garçom, servindo os convidados de uma festa, já era um começo. Seu personagem característico – o bom moço com grossos óculos redondos – só nasceria anos mais tarde.

Harold Lloyd nasceu em 20 de abril de 1893, na cidadezinha de Burchard, em Nebraska, onde seu pai trabalhava como fotógrafo. Ou pelo menos tentava. Com o fracasso dos negócios, a família se mudou para San Diego, na Califórnia, onde adquiriu um salão de bilhar. Harold fazia serviços diversos, conseguia participações em teatros amadores locais e realizava até algumas viagens com pequenas companhias teatrais.

Após o pouco inspirador papel de índio/ garçom, Harold conseguiu participar, em 1913, de duas comédias produzidas pela Keystone, sendo logo em seguida contratado como figurante pela Universal. Ali, fez amizade com um sujeito divertido que tinha muitas histórias para contar, principalmente sobre a época em que tentou encontrar ouro no Alasca. Seu nome era Hal Roach, figurante e dublê de filmes de caubói.

A experiência na Universal durou pouco para os dois colegas, que continuaram mantendo contato, mesmo após terem perdido o emprego. Em 1914, Hal – que nunca havia dado sorte no garimpo – acabou recebendo um bom dinheiro por outras vias: herdou 3 mil dólares e fundou a sua própria companhia cinematográfica. Logo em seguida, contratou o amigo Harold para que estrelasse uma série de comédias curtas, encarnando um personagem chamado Willie Work. O fracasso foi total. Harold se viu obrigado a sair da empresa. Conseguiu colocação novamente na Keystone, pois Mack Sennett buscava um substituto para Chaplin, que ele acabara de perder para a Essanay. Também não funcionou.

Enquanto isso, Hal procurava soluções para reerguer sua companhia. Fechou um contrato de parceria e distribuição com a Pathé e associou-se a Dan Lintchicum. O resultado foi a criação da Rolin (termo formado pela união da parte inicial dos nomes Roach e Lintchicum) Film Company. Confiando no talento de Harold, chamou de volta o velho amigo, dessa vez para que estrelasse uma nova série de curtas cômicos. Matou-se o personagem Willie Work, criou-se Lonesome Luke (algo como "Lucas Solitário"). Entre 1915 e 1917, Harold Lloyd encarnou Lonesome Luke em diversos filmes, sendo a maioria deles dirigida pelo próprio Hal. Mesmo obtendo considerável sucesso de pú-

O momento mais famoso de Harold Lloyd:
cena de *O Homem-Mosca*, de 1923.

blico, o personagem não agradava muito aos seus criadores, pois sabiam que estavam imitando Chaplin e os Keystone Cops.

Assim, Hal teve uma ideia: fugir totalmente dos elementos já estereotipados que caracterizavam os cômicos da época – bigodões, roupas exageradas – e criar um novo tipo de *clown*. Alguém que fosse simplesmente um homem comum, com boas intenções, sendo muitas vezes assustado pelo mundo louco que o rodeava. Um otimista, sortudo, ingênuo, boa gente. O toque final: um par de grossos óculos de aros redondos. Nasceu um personagem sem nome que atendia apenas pela graça do ator que o representava: Harold Lloyd.

Durante os anos 1920, suas bilheterias rivalizavam com as de Chaplin e Keaton. Em determinados anos, dependendo das negociações, seu salário chegava a ser maior que o do milionário Chaplin. Além de engraçado, ele tinha uma notável capacidade atlética e uma invejável habilidade acrobática. Pendurava-se em janelas, cavalgava em grande velocidade e fazia os mais diversos malabarismos, dispensando dublês na maioria dos casos.

Em 1919, um acidente quase pôs fim à sua carreira. Uma bomba cenográfica utilizada para as filmagens de *Haunted Spooks* estava carregada com uma quantidade de pólvora acima do normal para o efeito desejado, e explodiu na mão direita de Harold. Seu polegar foi decepado e o indicador ficou dependurado. A notícia correu a imprensa com tom de pessimismo, proclamando o que seria o fim da vida artística do ator/ malabarista. Mas com grande força de vontade, um enorme poder de recuperação e uma luva especial que disfarçava – nas telas – a ausência dos dois dedos, Harold voltou aos sets de filmagem com ânimo redobrado.

Após aquele que é provavelmente o seu filme mais famoso – *O Homem-Mosca*, de 1923 –, entrou para a história do cinema a antológica cena em que Harold se dependura no ponteiro de um grande relógio, situado no alto de um prédio. Anos depois, descobriu-se que, graças a um engenhoso ângulo de filmagem, na realidade não havia risco nenhum, pois logo abaixo de seus pés existia uma marquise que, caprichosamente, a câmera não "enxerga". O que não tira de forma alguma a genialidade do filme.

Em 1923, Harold desfez a parceria com Hal, passando a produzir seus próprios filmes. Rico, conseguiu resistir com algum sucesso ao "fantasma" do cinema falado, mas sem o impacto da era muda. Fez seu último filme – *Mad Wednesday* – em 1947, e lançou nos anos 1960 duas compilações de seus trabalhos anteriores. Recebeu um Oscar especial, foi ovacionado no Festival de Cannes e morreu em 1971, aos 77 anos. Ele queria que sua luxuosa mansão de 44 cômodos, em Beverly Hills, fosse transformada num museu do cinema, mas esse seu sonho jamais foi concretizado.

## O GÊNIO, O GORDO E O MAGRO

A saída de Harold Lloyd da empresa do amigo Hal Roach não foi uma ingratidão, mas sim o resultado do desenvolvimento normal dos negócios de cada um. Mesmo porque Harold não era a única estrela da produtora de Hal, um gênio na arte de caçar de talentos. Produtor de visão, Hal contratou como diretores profissionais de respeito como Fred Newmeyer, Sam Taylor, Fred Guiol e Leo McCarey. Abriu o leque de temas de seus filmes e investiu em faroestes, ao mesmo tempo que lapidava e treinava novos comediantes. Entre eles estavam um grandalhão da Geórgia chamado Oliver Norvell Hardy e um inglês franzino de nome Arthur Stanley Jefferson.

Arthur nasceu em 16 de junho de 1890, em Ulverston, na Inglaterra, já com sangue artístico em suas veias. Sua mãe era atriz e seu pai um artista multimídia, mesmo antes de essa palavra ter sido inventada: ele escrevia, dirigia, produzia e empresariava espetáculos teatrais, além de atuar neles. Assim, não foi muito difícil para o jovem Arthur fazer sua estreia no teatro aos 16 anos de idade. Atuando tanto em dramas como em comédias ou musicais, ele passou quatro anos se apresentando nos palcos da Inglaterra e Escócia, até

Laurel e Hardy, verdadeiros ícones da comédia.

que em 1910 entrou para a famosa companhia teatral de Fred Karno. A trupe realizaria sua primeira viagem aos Estados Unidos e precisava de um *understudy*, uma espécie de "reserva" para um dos astros cômicos do show. Arthur foi aprovado. De volta à Europa, ele continuou com Fred Karno até 1912, ano em que a companhia realizou sua segunda viagem aos palcos norte-americanos. Mas dessa vez seria diferente. Arthur e o cômico que ele eventualmente substituía haviam decidido "aproveitar a carona", não retornar mais à Inglaterra e tentar novos rumos nos Estados Unidos.

Foi lá que ele adotou o nome artístico de Stan Laurel, fazendo várias apresentações no *vaudevile* até conseguir seu primeiro papel no cinema, em 1917. Durante nove anos, ele foi apenas mais um entre as dezenas de *clowns* do cinema americano daquele período. Escondido sob roupas largas ou maquiagem pesada, Arthur – agora Stan Laurel – passou pela Universal, Vitagraph, Pathé e outros estúdios, sem muito sucesso. Seu colega da companhia de Karno, o cômico que ele ocasionalmente substituía, tinha experimentado uma sorte bem melhor: ele já estava famoso e milionário, escrevendo, dirigin-

*Vocês ainda não ouviram nada*

do e produzindo seus próprios filmes, além de, claro, atuar neles, sob o nome de Charles Chaplin.

Aos 36 anos, Stan Laurel sentia que não tinha mais idade para fazer cambalhotas e estrepolias no intuito de alcançar o sucesso como artista cômico. Assim, em 1926, ele assina um contrato com Hal Roach para que pudesse escrever e dirigir comédias. Na época, Hal estava de olho em Oliver Norvell Hardy, um ator corpulento, especializado em papéis de vilão. Nascido em 18 de janeiro de 1892, Oliver era filho de um advogado e pretendia seguir a carreira do pai. Mas os palcos fascinaram o garoto, que estreou como cantor aos 8 anos de idade. Aos 18 ele desistiu da escola e abriu um pequeno cinema. Aos 21 estreou como ator, fazendo pontas em comédias. Chegou a atuar como coadjuvante com Buster Keaton em *Three Ages*, de 1923, e foi contratado por Hal Roach em 1926.

A ideia de Hal era fazer humor pela união dos extremos. Ele acreditava que, se pudesse unir o inglês magrinho e o americano grandalhão formando uma dupla, ambos sob a direção do talentoso Leo McCarey, os resultados poderiam ser compensadores. Apresentou, então, Stan Laurel a Oliver Hardy e teve uma surpresa: eles não só já se conheciam como já haviam trabalhado juntos em 1921 no filme *The Lucky Dog*. Na ocasião, Laurel fazia um papel importante e Hardy era coadjuvante. Hal usou todo o seu poder de persuasão para convencer Laurel a trabalhar novamente como ator, e formou a dupla *Laurel and Hardy*. No Brasil, o Gordo e o Magro. Em Portugal, Bucha e Estica.

Hal Roach tinha razão: a química entre Hardy (grande, mandão e articulador intelectual das trapalhadas da dupla) e Laurel (pequeno, frágil, chorão e ingênuo) funcionava perfeitamente na tela, com resultados hilariantes. Quem via os filmes, porém, não imaginava que Stan Laurel era na realidade o cérebro do dueto, criando e até dirigindo inúmeras gags. Entre 1926 e 1950, o Gordo e o Magro atuaram em mais de uma centena de filmes, sendo 27 longas. Contrariamente à imensa maioria dos comediantes da época, Laurel e Hardy realizaram com sucesso a transição do cinema mudo para o falado. O contraste entre suas vozes e entonações contribuiu para que se intensificasse o humor gerado por eles. Só pararam de se apresentar em shows em 1954, quando Hardy sofreu um derrame que o deixou parcialmente paralisado e o levou à morte, três anos mais tarde. Entristecido com a perda do amigo e parceiro, Laurel afirmou que nunca mais trabalharia como ator – e honrou o que disse. Passou a se dedicar apenas aos textos cômicos até 1965, ano em que faleceu.

# ESTOURA A PRIMEIRA GUERRA MUNDIAL – MELHOR PARA OS ESTADOS UNIDOS

Naqueles primeiros anos do século XX, vários fatores contribuíram para que a hegemonia da atividade cinematográfica mundial saísse da Europa (mais especificamente da França) e atravessasse o Atlântico rumo aos Estados Unidos. O crescimento populacional e industrial da América, as altas taxas de imigração, a decadência de importantes empresas cinematográficas francesas (Pathé e Méliès foram derrotados junto com o truste de Edison), o fortalecimento dos produtores independentes norte-americanos, a incompetência de ingleses, alemães e italianos para formar um cinema forte e exportador, enfim, uma série de acontecimentos e fatores históricos minou as bases do cinema europeu. Nada, porém, que se comparasse à tragédia que a Primeira Guerra Mundial significou para o Velho Mundo.

O conflito desestabilizou a economia da Europa, reduziu drasticamente a produção de filmes (ainda que não a interrompesse por completo) e permitiu que os Estados Unidos preenchessem todas as brechas deixadas pelos produtores franceses, italianos e ingleses, tanto em seu mercado interno como no externo. Os filmes norte-americanos entraram de maneira decisiva nos cinemas do Japão (onde antes predominavam os italianos), nos circuitos latino-americanos (que eram dominados pelos franceses), além de conquistarem definitivamente seu próprio mercado interno, que havia sofrido enorme influência da Pathé Frères.

Entre 1915 e 1916, as exportações dos filmes norte-americanos foram simplesmente multiplicadas por cinco, considerando-se a metragem total das

Douglas Fairbanks nocauteia o Kaiser com bônus de guerra, em filme promocional da década de 1910.

películas. Em número de longas-metragens, a produção norte-americana superou com folga a europeia durante os anos da Primeira Guerra, conforme mostra o quadro a seguir.

### LONGAS-METRAGENS PRODUZIDOS ENTRE 1913 E 1919

|      | Itália | Reino Unido | Alemanha | Estados Unidos |
|------|--------|-------------|----------|----------------|
| 1913 | 29     | 18          | 49       | 12             |
| 1914 | 16     | 15          | 29       | 212            |
| 1915 | 39     | 73          | 60       | 419            |
| 1916 | 57     | 107         | 107      | 677            |
| 1917 | 37     | 66          | 117      | 687            |
| 1918 | 46     | 76          | 211      | 841            |
| 1919 | 151    | 122         | 345      | 646            |

*Vocês ainda não ouviram nada*

Os dados deixam claro o salto gigantesco dado pelos Estados Unidos, que produziram apenas doze longas em 1913 – antes do início da guerra – e um número setenta vezes maior em 1918, o último ano do conflito. A média americana de longas produzidos entre 1914 e 1918 é de um filme e meio pronto por dia, isso sem contar os curtas e médias-metragens. Calcula-se que, quando finalmente o mundo testemunhou o término da guerra, os Estados Unidos dominavam 85% do mercado de cinema do planeta, e 98% de seu mercado interno. E que a indústria cinematográfica norte-americana tenha se transformado na quinta maior e mais poderosa indústria daquele país.

É justamente nesse período que se consolidam os grandes magnatas do cinema. Uns poucos homens sem dinheiro que haviam desembarcado na América no início do século XX, que construíram seus pequenos poeiras nas inchadas metrópoles de Nova York e Chicago, que enfrentaram o cartel de Thomas Edison e que souberam vislumbrar as oportunidades que a guerra na Europa ofereceu à indústria americana do entretenimento. Homens que saíram dos lotados navios de imigrantes e que chegaram à mais absoluta riqueza em períodos inferiores a dez anos. Homens que construíram impérios, nomes e marcas que podem ser vistos até os dias de hoje em qualquer sessão de cinema, em qualquer caixinha de VHS ou DVD.

O fato de norte-americanos e franceses se alternarem na liderança do mercado internacional de cinema de 1895 até o início da Primeira Guerra Mundial não significa que a atividade cinematográfica inexistisse em outros países durante aquele período. Graças aos ágeis e ativos "representantes de vendas" das indústrias Lumière, o mundo inteiro conheceu de forma muito rápida as maravilhas do novo invento. Franceses e norte-americanos de fato conseguiram permanecer por mais tempo e com maior agressividade à frente dos negócios, do *business* do cinema, sendo que, mais que ninguém, ultrapassaram seus próprios limites geográficos. Mas os filmes estavam sendo rodados em todo o planeta.

## AS AMBIÇÕES E PRETENSÕES DA ITÁLIA

Os italianos, por exemplo, consideram Filoteo Alberini um dos grandes pioneiros de sua indústria de cinema. Antes mesmo da exibição dos irmãos Lumière no Grand Café do Boulevard des Capucines, ele patenteou o seu Kinetografo, um invento capaz de gravar, revelar e projetar imagens em movimento. A grafia é praticamente igual à do invento de Edison, que registrou sua patente como Kinetograph, traduzido para o português como cinetógrafo.

**125**

Apesar desse pioneirismo, a marcante participação dos franceses no mercado internacional impediu o desenvolvimento de uma verdadeira indústria de filmes na Itália naqueles primeiros anos. Mesmo porque durante a maior parte do século XIX o país esteve envolvido num sem-número de conflitos internos e externos, em busca de sua unificação, fato que só veio a ocorrer de forma definitiva em 1870, apenas 25 anos antes da invenção do cinema. O período entre 1860 e 1900 ficou marcado também por um grande "esvaziamento" da nação italiana, com milhões de pessoas deixando o país e emigrando principalmente para os Estados Unidos, Argentina e Brasil.

Assim, nomes mais relevantes para o cinema italiano só começam a surgir a partir de 1904, quando Roberto Omegna e Arturo Ambrosio produzem, em Turim, o primeiro cinejornal do país. Omegna era um cientista amador, considerado o primeiro *cameraman* da Itália, e começou a produzir pequenos filmes, em 1901, muito mais por curiosidade científica que propriamente por interesse comercial ou mesmo artístico. Já Ambrosio era proprietário de uma loja de equipamentos ópticos, e, ao tomar contato com o cinema, vislumbrou uma grande oportunidade de ampliar seus negócios. A Film Ambrosio construiu em Turim, em 1905, o primeiro estúdio de cinema do país, e calcula-se que seu fundador tenha produzido mais de 1.400 filmes.

Também em 1905 Carlo Rossi funda a Italia Film, empresa que iniciou suas atividades explorando o talento do ator francês André Deed. Mundialmente famoso por suas comédias, André era conhecido por diferentes nomes, dependendo do país onde seus filmes fossem exibidos. Na Itália, era Cretinetti; na França, Gribouille ou Boireau; nos mercados hispânicos era Toribio ou Toribio Sánchez; e Foolshead ou Jim nos países de língua inglesa.

Ainda em 1905, o pioneiro Filoteo Alberini, ao lado de Dante Santoni, funda sua própria companhia cinematográfica, a Alberini-Santoni, e constrói um estúdio em Roma. Lá é realizada a ambiciosa (para a época) produção *La Presa di Roma*, o primeiro filme de ficção do país. No ano seguinte, a Alberini-Santoni muda seu nome para Cines, e se transforma numa das maiores empresas italianas do setor. Ainda em 1906, a Film Ambrosio ergue, em Turim, um estúdio com teto de vidro, para aproveitar a iluminação natural, e logo passa a concorrer diretamente com a Cines. Filmando basicamente comédias e melodramas, Ambrosio foi produtor, em 1908, da primeira versão (das inúmeras que se seguiriam) da clássica história *Gli Ultimi Giorni di Pompeii*, que teve direção de Luigi Maggi.

Uma empresa menor, a Vesuvio Films, entra para a história ao realizar, em 1911, o primeiro longa-metragem italiano: *La Portatrice di Pane*, dirigido

*Cabiria*, a primeira superprodução italiana.

por Romolo Bacchini. Enquanto isso, em Turim, a Italia Film, mantendo Giovanni Pastrone como seu principal diretor, desponta entre as grandes. Sob a direção de Pastrone foram rodadas histórias clássicas como *Giordano Bruno Eroe di Valmy* (1908), *La Maschera di Ferro* (1909), *La Caduta di Troia* (1911) e o grandioso épico *Cabiria*, que fez multidões arregalarem os olhos no ano de 1914. Para filmar *Cabiria*, Pastore utilizou o pseudônimo de Piero Fosco, e administrou um orçamento grandioso para a época, superior a 1 milhão de dólares, consumido durante mais de dois anos de trabalho. Os cenários eram suntuosos, e o filme contou com locações na Tunísia, Sicília e nos Alpes. O romancista e poeta Gabriele D'Annunzio foi um dos encarregados de escrever o roteiro, que pedia cenas impressionantes retratando o cerco de Siracusa, o sacrifício de crianças no templo de Baal, a destruição da frota romana e a passagem do exército de Aníbal – incluindo seus elefantes – através dos Alpes. Formalmente, chamava a atenção a inteligente utilização dos *travellings* e da iluminação dramática, além do extremo realismo do filme. Em meio a toda essa pomposidade, destacou-se a presença do ator Bartolomeo Pagano, um estivador do porto de Gênova. Enorme e musculoso, Pagano interpretou o papel de Maciste, inaugurando uma tradição que perdurou por mais de cinquenta anos no cinema italiano: os filmes de gladiadores. *Cabiria* obteve tamanho sucesso no mundo todo que seu estilo épico e majestoso chegou até mesmo a influenciar D. W. Griffith e Cecil B. DeMille.

Os temas históricos e as adaptações literárias faziam grande sucesso. Na Cines, o diretor romano e ex-pintor Mario Caserini fazia de sua filmografia uma verdadeira coleção de personagens heroicos, rodando *Otello* (1906), *Garibaldi* (1907), *Giovanna d'Arco* (1908), *Beatrice Cenci* e *Macbeth* (1909), *Amleto, Anna Garibaldi, Il Cid, Lucrezia Borgia* (1910), *Parsifal* e *Sigfrido* (1912) e outra versão para *Gli Ultimi Giorni di Pompeii* (1913), desta vez com mais de três horas de duração. Em 1912, o também romano e também ex-pintor Enrico Guazzoni dirigiu uma ambiciosa versão de oito rolos de *Quo Vadis?* Utilizando cenários gigantescos, milhares de figurantes e leões de verdade, o filme alcançou fama, sucesso e boas bilheterias em vários países. Mantendo a linha da narrativa da vida de personagens famosos, Guazzoni dirigiu *Bruto* (1911), *Marcantonio e Cleopatra* (1913), *Cajus Julius Caesar* (1914), *Ivan, il Terribile* (1917). Em 1911, Giulio Antamoro, também de Roma, dirigiu *Pinocchio*, 29 anos antes da famosa versão em desenho animado produzida por Walt Disney.

Outros filmes ganhavam destaque nacional e internacional, como *La Storia di un Pierrot*, de 1914, dirigido pelo conde Baldassarre Negroni, um advogado que se iniciou no cinema como passatempo e que acabou se transformando numa das figuras mais importantes daquela fase embrionária da indústria cinematográfica italiana. Também marcou época *Sperduti nel Buio*, rodado no primeiro ano da Primeira Guerra, que mostrava um retrato sem retoque dos contrastes sociais italianos; o filme foi considerado por alguns observadores como precursor do neorrealismo, corrente cinematográfica que só surgiria trinta anos mais tarde. Também em 1914, Filoteo Alberini confirmava mais uma vez sua fama de pioneiro ao lançar *Il Sacco di Roma*, uma das primeiras produções rodadas em autoestereoscopia, um sistema inventado pelo próprio Alberini, em 1911, e que proporcionava um efeito muito parecido com o bem mais recente CinemaScope.

Aos poucos, os atores e atrizes da Itália começavam a experimentar uma popularidade quase tão grande quanto a alcançada pelos ídolos da ópera. E foi justamente dessa arte que as atrizes emprestaram a denominação "diva", utilizada quando atingiam o estrelato. Na década de 1910, faziam sucesso astros e estrelas como Italia Almirante-Manzini, Francesca Bertini, Lyda Borelli, Lina Cavalieri, Alda Hesperia (também conhecida como Olga Negroni), Maria Jacobini, Letizia Quaranta, Gianna Terribili-Gonzales, Mary Cleo Tarlarini, Kally Sambucini, Emilio Ghione (criador e intérprete do personagem aventureiro Za-la-Mort, que obteve muito sucesso numa grande série de filmes), Mario Bonnard, Alberto Capozzi, Ettore Berti, Febo Mari, Umberto Mozzato, Amleto Novelli e outros.

*Vocês ainda não ouviram nada*

Naquela época, o cinema italiano se dividiu em duas tendências bem diferenciadas e opostas. De um lado, os produtores se associaram à aristocracia e aos membros da classe artística com a finalidade de produzir grandiosos espetáculos culturais. Escritores e poetas se transformavam em roteiristas, enquanto pintores e escultores emprestavam seu talento aos cenários dos filmes. Não por acaso houve uma enorme proliferação, nos primeiros quinze anos do cinema italiano, de adaptações de Shakespeare, Dante, Homero e – claro – da Bíblia. E de outro lado, o gosto popular pedia cada vez mais comédias e melodramas, de acordo com a típica tradição latina. Os filmes "sérios" davam prestígio à indústria italiana, enquanto as produções populares geravam boas bilheterias. Um casamento perfeito.

Esse bom entrosamento entre arte, espetáculo e bilheteria fez que os italianos produzissem a invejável quantidade de 29 longas-metragens em 1913, contra 12 dos Estados Unidos e 18 do Reino Unido, fora os curtas e médias. É verdade que parte desse desenvolvimento deve ser creditada também à França, pois foi daquele país que os produtores italianos importaram vários talentos, como os atores André Deed, Marcel Fabre e Ferdinand Guillaume, e os cineastas Gaston Velle e Lépine, entre outros. Numa época em que os direitos autorais eram pouco discutidos, equipes inteiras da Pathé foram "roubadas" pelos italianos, que rodavam em apenas uma semana exatamente o mesmo argumento que havia sido filmado poucos dias antes na França, e que ainda permanecia inédito nos cinemas. Mas, mesmo assim, o cinema da península gradativamente encontrou uma identidade própria, combinando épicos históricos, comédias e dramalhões exagerados.

A chegada da Primeira Guerra não interrompeu a produção da Itália, mas trouxe de maneira definitiva a concorrência norte-americana. Se em 1913 a cada longa americano produzido eram realizados 2,4 italianos, em 1918 essa proporção se inverteu devastadoramente, contabilizando um longa-metragem italiano para cada dezoito dos Estados Unidos.

## ALEMANHA, BERÇO DOS FILMES DE TERROR

Apesar de alguns autores alemães reivindicarem para seu país o mérito da invenção do cinema, em função das experiências pioneiras de Max e Emil Skladanowsky, a verdade é que os primeiros anos da atividade cinematográfica na Alemanha foram bastante tímidos. Filmes americanos, franceses e italianos dominavam as telas germânicas, situação facilitada por uma incipiente e pouco criativa produção local. As iniciativas isoladas do cineasta e inventor Oskar Messter, que produziu vários curtas a partir de 1896, e de outros pequenos produtores ainda não eram suficientes para criar uma verdadeira indústria cinematográfica naquele país. Afinal, vale lembrar que a Alemanha, na qualidade de nação independente e soberana, ainda era bastante jovem, já que sua unificação só havia ocorrido em 1871, ou seja, apenas 24 anos antes da invenção do cinema.

O impulso necessário para que o cinema alemão finalmente conseguisse maior projeção, por irônico que possa parecer, veio do teatro. O austríaco Max Reinhardt, um dos mais importantes produtores e diretores teatrais da Alemanha, iniciou, por volta de 1910, um movimento de valorização do cinema como arte. Naquela época, era consenso que o cinema era uma forma menor de expressão, um entretenimento popular de circos e feiras de variedades, diametralmente oposto à nobreza do espetáculo teatral. Max, inspirado pela experiência do *film d'art* francês, passou a atrair grandes nomes dos palcos para as telas visando, assim, à valorização artística e cultural do cinema. Além de atuar no meio teatral, ele também prestava serviços para o produtor Paul Davidson, da Projektions-AG Union, empresa cinematográfica considerada grande, na Alemanha, e tinha grande interesse em fomentar a atividade no país, buscando o crescimento do mercado interno.

Os poucos filmes que nasceram baseados nessa postura mais intelectualizada de Max, Davidson e outros artistas de época não encontraram repercussão popular, mas conseguiram obter algum prestígio para o cinema alemão. Num curto período, os filmes alemães passaram a atrair novos talentos e também a criar suas estrelas, entre elas Asta Nielsen (vinda do teatro e do cinema da Dinamarca), Henny Porten (que iniciou sua carreira nos filmes de Oskar Messter e é considerada a primeira grande estrela do cinema alemão) e Paul Wegener, companheiro de Max no teatro. Com larga experiência em interpretações dramáticas nos palcos, Wegener estreou na tela – com enorme sucesso – no papel principal da primeira versão de *Der Student von Prag*, de 1913, considerado o primeiro filme de terror da história e cujo tema seria uma das marcas registradas da produção alemã dos anos 1920. Enquanto filmava *Der Student von Prag* em locações na cidade de Praga, Wegener tomou contato com uma lenda judaica do século XVI, segundo a qual um rabino havia construído um homem de argila que teria criado vida por meio de processos mágicos. Mas algo acabou dando errado, originando a necessidade de destruir o monstro. Fascinado pela lenda, em 1915 Wegener viveu o papel principal do filme *Der Golem*, além de dirigir a produção, tida como um clássico do terror (vale lembrar que a primeira versão em longa-metragem do clássico de Mary Shelley *Frankenstein*, cuja história é muito similar, só seria filmada em 1931).

*Der Golem,* de 1915, precursor dos filmes de terror.

*Der Andere,* de 1913, dirigido por Max Mack, é outra obra daquele período considerada de boa qualidade. Contando a história de um respeitado advogado que se transforma, inconscientemente, num ladrão profissional, para depois tornar a se converter num homem de respeito, o filme tem muito do clássico *O Médico e o Monstro,* escrito por Robert Louis Stevenson. A trilogia formada por *Der Andere, Der Student von Prag* e *Der Golem* fez da Alemanha o berço dos filmes de terror.

Porém, apesar desses clássicos eventuais, a maior parte da produção germânica dos anos que antecederam a Primeira Guerra Mundial era formada por comédias de humor duvidoso, adaptações estáticas de livros e peças teatrais e, a partir de 1913, alguns filmes policiais de mistério e suspense. A Alemanha já havia entrado, em 1911, para o então seleto clube dos países realizadores de longas-metragens. Naquele ano, o cineasta dinamarquês Urban Gad dirigiu para a Deutsche Bioscop o primeiro longa alemão, *Im großen Augenblick.* No papel principal, sua pupila e estrela favorita, Asta Nielsen, com quem se casaria no ano seguinte. Aos poucos, a indústria germânica passou a produzir uma quantidade até respeitável de longas-metragens: 49 em 1913, 29 em 1914 (sentindo o impacto da Primeira Guerra), 60 em 1915 e, de forma surpreendente, 107 em 1916. O que não significava, necessariamente, que houve aumento da qualidade. Somente a partir de 1917, em meio ao conflito mundial, o cinema da Alemanha conseguiria reunir forças e condições para se tornar uma potência – se não comercial, pelo menos artística.

## SUBDESENVOLVIMENTO CZARISTA E O ATRASO DO CINEMA RUSSO

Exatamente da mesma forma que acontece na Alemanha, alguns autores russos reivindicam para seu país a responsabilidade pela invenção do cinema. Os desconhecidos Aleksei Samarsky, Ivan Akimov, Vladimir Dubuk, Iossif Timtschenko e Nicolai Liubimov, em atos isolados, teriam desenvolvido aparatos para a captação e projeção de imagens em movimento antes dos Lumière, mas a verdade é que o panorama cinematográfico da Rússia em seus primeiros anos foi quase que totalmente dominado por estrangeiros.

Assim como ocorreu em vários países, os primeiros filmes exibidos na Rússia saíram das indústrias dos Lumière e chegaram aos olhos do público em 1896, mas, naquele país, a participação estrangeira implantou-se de forma bastante incisiva, inibindo o desenvolvimento de uma indústria de filmes russos por praticamente dez anos. Muito rapidamente a Rússia viu nascer e crescer, em seu território, poderosos escritórios de representação do inglês Robert W. Paul, do norte-americano Thomas Edison e das empresas francesas Gaumont e Pathé. Os cineastas amadores locais se limitavam a realizar pequenos filmes de pouca importância, que em geral eram exibidos apenas como uma preliminar, antecedendo a atração principal: as produções estrangeiras.

Tudo isso acontecia porque a Rússia era naquele momento um país econômica e comercialmente enfraquecido. Seu obsoleto sistema czarista era incoerente com a nova ordem mundial progressista, que estava alterando os sistemas econômicos e as sociedades ocidentais. Enquanto boa parte do planeta se industrializava, a Rússia vinha de grandes rebeliões camponesas que sacudiram suas estruturas durante mais de trinta anos, entre as décadas de 1830 e 1860, além de duas derrotas em conflitos internacionais: para a coalizão formada por Inglaterra, França, Piemonte-Sardenha e Império Turco-Otomano na Guerra da Crimeia (1853-1856) e para o Japão, em 1905. E o país também era constantemente abalado por greves e manifestações trabalhistas. Em junho de 1905, marinheiros do encouraçado Potemkin se amotinaram, gerando uma sangrenta batalha que, vinte anos mais tarde, serviria de inspiração para um dos filmes mais famosos da Rússia e do mundo. Em meio à crise generalizada, o czar Nicolau II é pressionado a promulgar uma constituição para o país e a estabelecer um parlamento, chamado de duma.

*Stenka Ratzin,* filme pioneiro do cinema russo.

*Otiets Serguei,* dirigido por Protazanov em 1918.

Dois anos mais tarde, em 1907, o fotógrafo e jornalista oficial da duma, Alexander Drankov, começa a apostar na possibilidade de organizar a atividade cinematográfica russa segundo os mesmos moldes industriais de países como França, Inglaterra e Estados Unidos. Drankov inaugura o primeiro estúdio russo de cinema e começa a filmar *Boris Godunov,* baseado na obra de Pushkin. Mas o ator principal abandona as filmagens no meio do processo e o filme não é concluído. Dessa forma, o primeiro filme de ficção (não documentário) realizado na Rússia só seria lançado em 1908, e mesmo assim gerando polêmica: alguns autores atribuem esse pioneirismo a *Donskie Kazaki,* dirigido por Maurice Maître, que foi produzido em 1907 e lançado em fevereiro do ano seguinte; e uma linha mais nacionalista afirma ser *Stenka Razin,* lançado em outubro de 1908, o primeiro não documentário realmente russo da história. O motivo dessa discordância é o fato de *Donskie Kazaki* ter sido dirigido por um francês e produzido pela também francesa Pathé, ainda que por meio de sua sucursal russa e em terra russas, enquanto *Stenka Razin* foi dirigido por um cineasta russo – Vladimir Romashkov – e seu roteiro foi adaptado de um romance popular daquele país.

Nacionalismos à parte, o fato é que o ano de 1908 marcou – com certo atraso em relação aos Estados Unidos e à Europa Ocidental – o início de uma pequena atividade industrial no cinema russo. Em 1910, já havia quinze empresas cinematográficas operando no país, a maioria em Moscou. A maior parte dos filmes não mostrava grande valor artístico e era baseada em dramas históricos ou adaptações da literatura e do teatro russos, principalmente de Tolstói, Gógol, Pushkin e Dostoiévski. A rígida censura czarista fez que pouquíssimos filmes daquela época retratassem a situação real e atual da Rússia, que permanecia em crise. Em 15 de novembro de 1911, estreia o primeiro longa-metragem rodado no país (na verdade, em Varsóvia – na atual Polônia –, cidade que fazia parte do Império Russo): *História do Pecado*, produzido por S. Mintus, com Antoni Bednarczyk como diretor.

Logicamente, certos cineastas daquele período se destacaram mais. Antes do início da Primeira Guerra mereceram registro alguns diretores que são considerados os precursores da cinematografia da Rússia. Vasili Goncharov, por exemplo, que havia escrito o roteiro do pioneiro *Stenka Razin*, dirigiu, roteirizou ou codirigiu filmes que entraram para a história do cinema russo, como *A Conquista da Sibéria* (1908), *A Canção sobre o Mercador Kalashnikov*, *A Morte de Ivan, o Terrível, Mazeppa, Drama em Moscou* (todos de 1909); *Pedro, o Grande, Vida e Morte de Pushkin, Napoleão na Rússia* (1910); *Yevgeni Onegin*, o grande sucesso *A Defesa de Sevastopol, Vida ao Czar, Crime e Castigo* (1911); *1812* (1912); *A Ascensão da Dinastia Romanov* (1913); e *Volga e Sibéria*, em 1914, um ano antes de sua morte.

Pyotr Chardynin foi o responsável por *Rainha de Espadas* (1910), *A Sonata Kreutzer* (1911), *Mulher de Amanhã, Crisântemos* (ambos de 1914), *Natasha Rostova* e *Torrente* (1915).

Em território russo também surgem experiências pioneiras na arte do *stop-motion* – efeito de animação obtido mediante filmagem quadro a quadro. O diretor, animador e estudante de arte Wladyslaw Starewicz realiza, já em 1912, *A Bela Leukanida*, com bonecos animados. São dele também *Cenas Felizes da Vida Animal, A Vingança do Cameraman, A Cigarra e a Formiga* (todos de 1912); *Uma Terrível Vingança* (1913); *Ruslan e Ludmila* (1915); e vários outros filmes.

Entre os pioneiros do cinema russo, dois se destacaram por suas intensas atividades: Yakov Protazanov e Yevgeni Bauer. O moscovita Protazanov começou sua carreira aos 24 anos, como ator, e dirigiu mais de quarenta filmes entre 1909 e 1917. Entre eles, *A Canção do Prisioneiro* (1911), *Honrando a Bandeira Russa* (1913), *Guerra e Paz* (1915), *Pecado* (1916) e uma nova versão de *Rainha de Espadas*, também de 1916. Bauer foi ainda mais produtivo, assinando a direção de aproximadamente sessenta filmes (sendo que apenas 26 não se perderam) entre 1913, ano de sua estreia no cinema, e 1917, quando faleceu de forma prematura, vítima de complicações provocadas por um acidente ao procurar locações na região da Crimeia. O diretor iniciou sua carreira no cinema trabalhando como cenógrafo para os estúdios de Pathé e Drankov. Dirigiu, entre outros títulos, *Glória Sangrenta* (1913); *Pássaro Libertado, Criança da Cidade Grande, Lágrimas* (todos de 1914); *Irina Kirsanova* (1915); *Rainha da Tela, Correntes Quebradas* (1916); *A Mentira, O Revolucionário* e *O Rei de Paris* (1917).

A produção russa iniciava sua ascensão, apesar de os estrangeiros ainda dominarem o mercado do país. Se o longa-metragem pioneiro de 1911 foi o único rodado naquele ano, em 1912 o número de longas produzidos subiu para nove, e alcançou a ótima marca de 31 títulos em 1913 – mais que os 29 italianos e muito mais que os 12 americanos e os 18 ingleses daquele mesmo ano. A exemplo do que acontecia nos demais países, que conseguiram implantar suas indústrias de cinema, também na Rússia começam a aparecer os astros e estrelas da tela. Da cidade de Penza veio Ivan Mozzhukhin (também conhecido como Mosjoukine na França e nos Estados Unidos e Moskine, na Alemanha), um rapaz que aos 21 anos decidiu abandonar a faculdade de direito para ingressar numa troupe teatral de Kiev. Seu tipo físico – alto, simpático e com forte presença na tela – levou-o rapidamente aos palcos e ao estrelato no cinema, tornando-o o galã russo mais popular daquele período pré-revolucionário. Da capital, Moscou, saiu Olga Baclanova, que se iniciou no teatro ainda cedo, aos 16 anos, para mais tarde ganhar as telas da Rússia e do mundo. Também fizeram sucesso Natalya Lysenko, Vera Kholodnaya e Pola Negri, atriz nascida na Polônia (que naquela época não existia como nação soberana e estava sob o domínio russo) e que conquistou fama mundial.

Se na Europa em geral a Primeira Guerra Mundial começava a mudar o panorama político e econômico das nações envolvidas, provocando crises e profundas modificações nos sistemas de governo, na Rússia, em particular, tais alterações foram ainda mais agudas. O país não só entrou na guerra, em 1914, como também iniciou, a partir de 1917, sua própria revolução interna, que levou os bolcheviques ao poder, alterando de maneira decisiva toda a estrutura do cinema russo, que passou a se chamar soviético.

# FILMES SÓ PARA INGLÊS VER

Zoetrope. A palavra lembra o nome da empresa produtora de filmes de Francis Ford Coppola. Mas marca também o início da história do cinema inglês: Zoetrope ou Daedalum era um engenho que simulava o movimento de imagens pela colocação de fotografias ou desenhos na superfície de um tambor rotativo. A apresentação do aparato à comunidade científica britânica ocorreu em 1834, mais de meio século antes de qualquer experiência cinematográfica dos irmãos Lumière. Seu inventor foi o matemático William George Horner (1786-1837), mais um nome que compõe a galeria dos esquecidos da pré-história do cinema.

Além de Horner, a lista dos precursores do filme britânico ainda é formada por Wordsworth Donisthorpe (que registrou cenas da Trafalgar Square com a utilização de uma câmera construída por ele mesmo, em 1889), e por William Friese-Greene, um fotógrafo de Bristol responsável pelo desenvolvimento de uma série de inventos na área cinematográfica, sendo que nenhum deles obteve sucesso. A vida de Friese-Greene foi romanceada em 1951, resultando no filme inglês *The Magic Box*, com Robert Donat no papel principal.

De maneira mais concreta, o inventor Birt Acres é considerado o pioneiro do cinema inglês, mesmo tendo nascido na cidade de Richmond, nos Estados Unidos. Trabalhando na Inglaterra, ele desenvolveu – em conjunto com Robert William Paul – o seu próprio sistema de filmagem, registrando eventos como uma corrida de cavalos em Epson, uma competição de barcos entre as universidades de Oxford e Cambridge e a inauguração do Canal de Kiel, na Alemanha, pelo kaiser Wilhelm II. Todos esses filmes foram rodados em 1895, com negativos fornecidos pela American Celluloid Company de Newark, Nova Jersey. Os filmetes *The Oxford and Cambridge University Boat Race*, *The Derby* e *Opening of the Kiel Canal* foram exibidos pela primeira vez em agosto de 1895, numa sessão fechada, em que Acres e Paul demonstraram orgulhosamente o projetor Kineopticon, por eles desenvolvido.

Os mesmos filmes, acrescidos de *Skirt Dancers, Boxing Match* e *Rough Sea at Dover*, compuseram o programa da primeira exibição pública de cinema na Grã-Bretanha, ocorrida em 14 de janeiro de 1896 na Royal Photographic Society, no número 14 da Hanover Square. Pouco mais de um mês mais tarde, em 20 de fevereiro, aconteceu a primeira exibição inglesa de cinema com a cobrança de ingressos, em que o mágico francês Félicien Trewey exibiu filmetes dos Lumière na Politécnica da Regent Street.

Mesmo assim, os historiadores mais criteriosos não atribuem a Birt Acres a produção do primeiro filme rodado na Inglaterra. Para eles, o pionei-

*Vocês ainda não ouviram nada*

Acres: o pioneiro do cinema inglês nasceu nos Estados Unidos.

Paul, parceiro de Acres, um dos inventores do Kineopticon.

rismo coube a Louis Le Prince, que mesmo sendo francês registrou seus dois primeiros filmes em território inglês, mais precisamente em Leeds. Isso em 1888, sete anos antes da exibição pública dos Lumière. Para efeito histórico, *Traffic Crossing Leeds Bridge*, de Le Prince, é o primeiro filme inglês de que se tem notícia.

A história também reservou um espaço para o pioneirismo do engenheiro inglês Robert William Paul, responsável pelo desenvolvimento do Kineopticon (na realidade, um aparelho em grande parte copiado do cinetoscópio de Edison), utilizado para a projeção dos filmes de Acres. Ele trabalhou junto com Acres somente até 1896, quando construiu seu projetor Theatrograph (mais tarde rebatizado como Animatograph) e passou a produzir seus próprios filmes, a maioria deles explorando truques visuais e pequenos efeitos especiais. Entre suas realizações mais criativas estão *The Twins'Tea Party* (de 1896), que chama a atenção pelos *closes* (novidade para a época), *Voyage of "The Arctic"* (de 1903, em que Paul simula com certo realismo uma expedição ao Polo Norte) e uma dramatização de uma corrida de automóveis filmada três anos antes, com a câmera adotando o ponto de vista subjetivo do piloto e proporcionando às plateias emoções inéditas. Foi também Paul quem construiu o primeiro estúdio de cinema da Inglaterra, em 1899, mas alguns anos depois, em 1910, ele se desinteressou pela produção, passando a se dedicar exclusivamente ao desenvolvimento de aparelhos de cinema.

Acres, um apaixonado pelas novas invenções do setor óptico, sequer chegou a conhecer o cinema falado, tendo falecido em 1918, aos 64 anos. Enquanto Paul, afastado da produção de filmes mas atuante na área técnica, acompanhou de perto a evolução do cinema, vindo a falecer em 1943, aos 74 anos de idade.

Contemporâneo de Acres e Paul, Cecil Hepworth é considerado um dos mais criativos pioneiros do cinema britânico. Seu pai, T. C. Hepworth, lidava com lanternas mágicas, e Cecil sempre o acompanhou em suas turnês pela Europa, sendo que desde cedo aprendeu a apreciar o potencial da indústria do entretenimento. Detentor de várias patentes de inventos relacionados à fotografia e ao cinema, Cecil publicou, em 1897, o manual *Animated Photography: The ABC of the Cinematograph*, provavelmente o mais antigo livro (editado) sobre cinema. No ano seguinte, ele passou a produzir e dirigir pequenos filmes sobre os mais variados assuntos (chegando a atuar neles), com destaque para *Rescued by Rover* (1905), cujo elenco era constituído por sua própria família. A narrativa, o ritmo e a montagem do filme podem ser considerados bem avançados para a época, com o uso de tomadas em grande-angular e de panorâmicas raramente vistas até então. Seu *Alice no País das Maravilhas*, de 1903, também chamou atenção, com ambiciosas dezesseis cenas se desenrolando durante quase dez minutos de filme. Assim como vários inventores e cineastas daquele período, Cecil também tentou criar o cinema falado, desenvolvendo, em 1907, o Vivaphone, um sistema rudimentar de sincronização entre filme e fonógrafo que não obteve repercussão.

Apesar de ter produzido e dirigido vários filmes curtos que contribuíram de forma decisiva para o desenvolvimento da linguagem do cinema inglês, Cecil Hepworth foi um dos muitos cineastas que não conseguiram sobreviver à recessão que se abateu sobre o cinema europeu após a Primeira Guerra. Abriu falência em 1924 e terminou sua carreira dirigindo trailers e curtas publicitários. Morreu em 1953, aos 79 anos.

É interessante atentar para as origens dos homens que construíram os primeiros momentos do cinema britânico. Horner era matemático, Friese-Greene e Acres basicamente se dedicavam às invenções, enquanto Paul era engenheiro. Hepworth era o que mais se aproximava do meio artístico, sendo que, a rigor, nenhum deles pode ser apontado como um eficiente homem de negócios. Talvez isso explique o acanhado desenvolvimento comercial do cinema britânico em seus primeiros anos, perdendo mercado sistematicamente para as produções francesas e norte-americanas. Foi um erro fatal permitir

Cena de *David Copperfield*, produzido por Hepworth.

Charles Urban, produtor americano que fez história na Inglaterra.

que os filmes continuassem sendo produzidos e exibidos de forma artesanal enquanto o mundo inteiro passava por um forte processo de industrialização e produção em massa. As maiores contribuições prestadas naquela época pela cinematografia do Reino Unido são atribuídas a dois fotógrafos – o escocês James Williamson e o inglês George Albert Smith – e a Charles Urban, um empresário-cineasta norte-americano.

Williamson iniciou sua carreira no ramo fotográfico, partindo depois para a produção de cinema. Já em 1900, mostrava dominar a técnica das narrativas cruzadas em *Attack on a China Mission*, e, no ano seguinte, realizou um interessante e criativo trabalho de edição em *Fire!*, em que entrecortava cenas externas reais, mostrando a ação de bombeiros, com cenas rodadas em estúdio. Alguns fotogramas foram artesanalmente pintados de vermelho para aumentar a sensação de realismo provocada pelo suposto incêndio. Em 1902, fundou um estúdio em Brighton para, dois anos mais tarde, estabelecer a Williamson Kinematographic Company, dedicada à fabricação de equipamentos cinematográficos.

Também vindo do ramo da fotografia, George Albert Smith construiu sua própria câmera de cinema em 1896, iniciando-se na carreira de produtor já no ano seguinte, quando realizou *The Miller and the Sweep*, *The Haunted Castle*, *Hanging Out the Clothes* e *The X-Ray Fiend*. Sempre criativo, inovador e ousado, Smith era um grande rival de Georges Méliès em se tratando de truques visuais, chegando mesmo a patentear o efeito de dupla exposição que

Um dos primeiros filmes da história: *The Big Swallow*, de James Williamson.

utilizou em seus filmes *Photographing a Ghost*, *Cinderela* e *Aladim e a Lâmpada Maravilhosa*, entre outros. Ficaram famosas também suas tomadas de superaproximação, que proporcionavam o efeito de lentes macro, retratando insetos com grande qualidade. Por volta de 1900, associou-se a Charles Urban e construiu um estúdio em Brighton, sua cidade natal, um verdadeiro pioneirismo para a época. Seis anos mais tarde, patenteou o sistema Kinemacolor, uma técnica que provocava a sensação de cor nos filmes projetados, com resultados que chegavam a ser satisfatórios. Dois anos depois, novamente em parceria com Urban, fundou a Natural Color Kinematograph Company, visando à exploração comercial dessa técnica.

O Kinemacolor era, na realidade, uma câmera convencional adaptada, que continha um filtro verde e outro vermelho atrás da lente da câmera. A película era tracionada com o dobro da velocidade normal – 32 quadros por segundo em vez de 16 –, de forma que cada fotograma fosse sensibilizado em preto/ branco/ verde e preto/ branco/ vermelho. Quando o filme era projetado, outros dois filtros também nas cores verde e vermelha eram sincronizados, e a velocidade de projeção se encarregava de misturar as cores, proporcionando o efeito desejado. Não era perfeito, mas era o melhor sistema já apresentado até o momento.

O sócio de Smith, Charles Urban, era norte-americano. Com dificuldade para patentear o seu bioscópio nos Estados Unidos, onde a concorrência de Thomas Edison era ferrenha, Urban desembarcou na Inglaterra em busca de mercado. E encontrou. Passou a realizar pequenos filmes a partir de 1902 e já no ano seguinte montou sua própria empresa, a Charles Urban Trading Company, destinada a explorar as possibilidades comerciais dos filmes coloridos. Num primeiro momento, associou-se ao químico Edward R. Turner, e depois, a Smith. Seguindo o exemplo dos Lumière, Urban também enviou cinegra-

*Vocês ainda não ouviram nada*

Cecil Hepworth em cena de *Rescued by Rover*, que ele também produziu.

fistas a todas as partes do mundo, com o objetivo de recolher imagens e notícias para seus filmes. "*We put the world before you*" ("Nós colocamos o mundo diante de você") era o lema de sua empresa, que mantinha uma preocupação constante com o realismo e a realidade das cenas apresentadas – preocupação da qual não compartilhavam vários concorrentes de Urban, que criaram o hábito de buscar notícias sangrentas nos jornais diários e filmá-las com cenários e atores, vendendo o resultado ao público como se fosse um documento real. Urban também foi um dos pioneiros do merchandising no cinema, arrecadando dinheiro das empresas para filmá-las e mostrá-las ao público. Linhas férreas sendo construídas ou biscoitos sendo fabricados são temas facilmente encontráveis na obra de Urban, que tinha entre seus principais clientes as próprias Forças Armadas inglesas, que não hesitavam em simular treinamentos e batalhas ao posarem para as lentes do cineasta. Com parte do dinheiro arrecadado, Urban construiu a Urbanora House, um instituto destinado a incentivar novos cineastas e pesquisas cinematográficas. Quanto à experiência com filmes coloridos, o Kinemacolor chegou a ser levado para os Estados Unidos, em 1912, onde Urban construiu um estúdio especialmente projetado para o desenvolvimento da nova técnica. Alguns filmetes coloridos chegaram a ser produzidos, mas o público não se entusiasmou com a novidade, o que levou o sistema a ser engavetado.

Quando estourou a Primeira Guerra, Urban foi contratado pelo Exército inglês para produzir um filme publicitário que incentivasse os Estados Unidos a entrarem no conflito do lado britânico. Como se sabe, isso aconteceu, mas o fato não gerou grandes dividendos ao cineasta. Na sequência, dedicou-se à direção de documentários educacionais, mas, assolado pela crise do pós-guerra, teve de encerrar sua carreira no início dos anos 1920. Faleceu em 1942, aos 75 anos, quase totalmente esquecido.

Apesar de terem construído seus próprios estúdios – ambos em Brighton –, Williamson e Smith tinham predileção por filmagens ao ar livre, com luz natural, em amplos espaços. Afinal, os dois haviam iniciado a carreira como fotógrafos de praias e jardins, retratando, sob a luz do sol, vários aspectos da sociedade inglesa daquele período. Filmar ao ar livre também era um hábito dos cineastas ingleses em geral, que na época não contavam com tantos estúdios como seus concorrentes franceses e norte-americanos. Essa tendência, combinada ao aprimoramento das técnicas de montagem e planificação desenvolvidas principalmente por Williamson e Smith, criou um estilo de filme com características vibrantes e envolventes. Um exemplo é o filme *Attack on a China Mission*, de Williamson, no qual a câmera não mais permanece fixa e de acordo com o ponto de vista do espectador – como nos filmes de Méliès –, mas sai correndo atrás dos personagens, participando ativamente da ação. Ou *Robbery of the Mail Coach* – dos irmãos Mottershaw, proprietários da Sheffield Photo Company –, que mostra um assalto a um trem com ação, aventura e realismo. Outro exemplo: *Marriage by Motor*, comédia realizada por Alfred Collins em 1903, trazendo uma perseguição de carros na qual se alternam velozmente os pontos de vista do perseguidor e do perseguido, com ampla utilização de *travellings* e contraplanos.

Dessa forma, utilizando ação, montagens rápidas, alternância de pontos de vista e filmagens externas, os ingleses são considerados os pais dos filmes de perseguição, que até hoje tanto cativam o grande público. Nos primeiros quinze anos do século XX, era comum, na Inglaterra, a realização desse tipo de filme, em que qualquer pretexto é válido para que durante a ação haja espaço para uma boa perseguição, seja entre bandidos e mocinhos, policiais e criminosos ou maridos e esposas. Segundo uma leitura mais elaborada – e que os norte-americanos repudiam com vigor –, os cineastas britânicos teriam sido, ainda, por incrível que pareça, os pais do faroeste, considerado o mais americano de todos os gêneros cinematográficos. Isso porque *The Great Train Robbery* – filme pioneiro no gênero e que inspirou todos os faroestes que vieram a seguir –, dirigido pelo norte-americano Edwin S. Porter em 1903, na realidade teria sido escandalosamente copiado do inglês *Robbery of the Mail Coach*. É óbvio que essa interpretação europeia dos fatos não encontra ressonância entre os historiadores norte--americanos.

Contudo, apesar de semelhantes na forma, os filmes de perseguição ingleses se diferenciam dos norte-americanos pelo conteúdo. Recém-saídos da Segunda Guerra dos Bôeres (conflito ocorrido na África do Sul entre 1899 e 1902), os ingleses estavam com a sensibilidade e a consciência social à flor da

*Vocês ainda não ouviram nada*

pele. Filmes que retratavam a realidade dos soldados que viajaram aos campos de batalha ou dos operários que permaneceram trabalhando eram invariavelmente bem-vindos. Não por acaso, naquele momento eram comuns títulos como *O Regresso do Soldado, Um Reservista Antes e Depois da Guerra* (ambos de Williamson), *Paz com Honra, Chamada às Armas* (estes dois de Hepworth) ou *Um Dia na Vida de um Mineiro de Carvão*, de Charles Urban.

Porém, qualquer que fosse o nível de qualidade temática e/ou formal que o meio cinematográfico britânico pudesse ter alcançado naquele momento, nenhum mérito artístico, por mais criativos e ousados que os cineastas do Reino Unido pudessem ter sido, foi suficientemente grande para superar as deficiências mercantis do cinema inglês. Sem representações comerciais fortes fora de seus domínios, os ingleses viram, impotentes, cópias piratas de suas melhores produções serem multiplicadas aos milhares, enquanto seus concorrentes internacionais – Gaumont, Pathé, Edison – cada vez mais tratavam o cinema como indústria. A Inglaterra perdeu o bonde da história e colheu resultados desastrosos: por volta de 1910, apenas 15% dos filmes exibidos no Reino Unido eram nacionais, contra 55% de filmes franceses e 30% de norte-americanos. Em 1914, ano do início da Primeira Guerra, as produções dos Estados Unidos já dominavam 60% do mercado inglês, sobrando muito pouco ou quase nada para a produção local.

Tal situação retirou do mercado produtor inglês seus maiores representantes. Williamson parou de filmar em 1909 e passou a se dedicar apenas à área de equipamentos, falecendo em 1933, aos 77 anos. Smith abandonou a produção na mesma época e também priorizou o setor técnico. Viveu até os 95 anos, falecendo em 1959.

## A FRANÇA PERDENDO MERCADO

Nem só de Lumière, Méliès e Pathé viveu o país dos inventores do cinema nos anos que antecederam a Primeira Guerra. Outro nome de grande importância para o desenvolvimento da atividade cinematográfica francesa daquele período foi Léon Gaumont, um parisiense que ganhava a vida vendendo câmeras fotográficas e que, em 1896, decidiu fabricar equipamentos para cinema. Com o sucesso comercial do cronofotógrafo de Georges Demeny – que unia projetor e câmera num só aparelho –, Gaumont resolveu produzir pequenos filmes e entrar definitivamente no tão próspero negócio das imagens em movimento. Em 1902 inventou o cronofone, um sistema que tentava, com algum sucesso, sincronizar os filmes com um disco previamente gravado.

A empresa de Gaumont crescia rapidamente, e com menos de dez anos de vida contava com estúdios, laboratórios e uma rede de salas de exibição em Paris e cidades vizinhas. Por volta de 1907, já era possível encontrar escritórios e sucursais da empresa na Inglaterra, Rússia, Alemanha e Estados Unidos. Os filmes eram dirigidos principalmente por Louis Feuillade, Jacques Feyder, Marcel L'Herbier e Alice Guy. Alice era secretária de Gaumont, e acabou se tornando a primeira mulher da história com o cargo de cineasta, assumindo, posteriormente, toda a chefia de produção dos estúdios.

A pesquisa científica sempre foi uma das grandes paixões de Gaumont, que em 1912 chegou a utilizar seu cronofone comercialmente em uma de suas salas parisienses, numa tentativa pioneira de implantar o cinema falado. No mesmo ano, patenteou o Chronochrome, uma técnica que se utilizava da combinação de três cores para que o colorido dos filmes parecesse mais real, e em 1918 chegou a produzir um curta usando esse sistema. Dez anos mais tarde coube a Léon Gaumont a produção daquele que alguns consideram o primeiro filme falado francês – *L'Eau du Nil* –, por meio de um processo que, contudo, se mostrou bem inferior ao que seria utilizado nos Estados Unidos e fracassou. Por isso, alguns pesquisadores desconsideram essa experiência, registrando *Les Trois Masques*, produzido por Pathé, em 1929, como o primeiro *talkie* francês. O ano de 1929 marca também a saída de Gaumont da atividade cinematográfica. Ele faleceu em 1946, aos 82 anos.

Também se deve à França a criação do chamado "filme de arte", expressão cuja origem está ligada à empresa Film d'Art e que hoje designa todo um gênero cinematográfico. A Film d'Art foi fundada em 1908, em Paris, pelos irmãos Lafitte, um misto de cineastas, empresários e intelectuais que acreditavam que o novo caminho do cinema deveria necessariamente passar pelas artes tidas como "nobres". Para os Lafitte, era necessário que os filmes se afastassem das camadas mais populares e atingissem os intelectuais, e a receita para isso consistiria em transferir para a película o que havia de melhor no mundo artístico. Argumentos encomendados a escritores famosos, peças da dramaturgia clássica adaptadas para as telas, figurinos e cenários desenvolvidos por artistas plásticos e até trilhas sonoras compostas pelos grandes mestres formavam a base das produções da nova empresa. Assim, escritores de renome como Anatole France, Jules Lemaître, Henri Lavedan, Jean Richepin, Victorien Sardou e Edmond Rostand se transformaram repentinamente em roteiristas de cinema. Para formar o elenco foram contratados grandes astros e estrelas do palco, como Mounet-Sully, Albert Lambert e a já mitológica Sarah Bernhardt, nomes que, ao serem anunciados com estardalhaço, ajudaram a enterrar a era cinematográfica dos atores e atrizes anônimos.

Alberto Capellani, um dos principais cineastas franceses do período.

O primeiro filme produzido pela empresa foi *L'Assassinat du Duc de Guise*, dirigido por Charles Le Bargy e André Calmettes, com argumento de Lavedan, interpretações do próprio Le Bargy e de Albert Lambert, Gabrielle Robinne e Berthe Bovy, e trilha sonora de Camille Saint-Saëns. Lento e sóbrio, o filme fez grande sucesso entre os membros da alta sociedade parisiense que estavam presentes na sala Charras, na noite de estreia, em novembro de 1908. Um sucesso que se mostrou passageiro. As produções da empresa dali em diante pouco se distanciaram do teatro filmado, com quase nada contribuíram no que diz respeito ao desenvolvimento de uma linguagem eminentemente cinematográfica e não foram lucrativas o bastante para manter a Film d'Art de pé. Diversos filmes foram muito elogiados, como *Notre-Dame de Paris* (1911) e *Les Misérables* (1913), ambos dirigidos por Albert Capellani, ou *La Dame aux Camélias* (1911) e *Les Amours de la Reine Élisabeth* (1912), que contaram com duas marcantes interpretações de Sarah Bernhardt, mas os fracassos de *Le Retour d'Ulysse*, *Le Baiser de Judas* e outros títulos colaboraram ainda mais para a decadência da empresa, que já estava com os cofres vazios seis meses após a estreia do aclamado *L'Assassinat du Duc de Guise*.

O único objetivo alcançado foi o de elevar o cinema à categoria de "arte", atraindo a atenção dos intelectuais e fazendo que cineastas do mundo inteiro considerassem a possibilidade de abandonar as histórias curtas e partir para enredos mais elaborados. É nessa época, inclusive, que se populariza a expressão "sétima arte", que coloca as imagens em movimento no patamar do teatro, da música, da literatura, do balé, da pintura e da escultura. Introspectivos, com pouca ação, mais longos que a média e invariavelmente difíceis, os "filmes de arte" franceses daquele período até hoje emprestam seu rótulo a

Pôster do filme *L'Assassinat du Duc de Guise*, tentativa de elevar o cinema ao status de arte.

Cena de *L'Assassinat du Duc de Guise*.

toda e qualquer produção – quase sempre europeia – que aborde temas mais complexos, com linguagem mais elaborada, opondo-se ao gosto popular.

Por outro lado, o cinema francês antes da Primeira Guerra e até durante o conflito também obteve notoriedade e público graças a um estilo completamente oposto ao dos filmes de arte: os popularíssimos seriados cômicos e de aventura. A França contava com alguns diretores que se especializaram em séries para cinema, como Victorin Jasset, que dirigiu os episódios de *Nick Carter* (sucesso no mundo inteiro entre 1908 e 1912), *Riffle Bill, le Roi de la Prairie* (1908-1909), *Zigomar* (1911-1913) e *Les Batailles de la Vie* (1912).

Já Louis Feuillade era admirado e respeitado pela sua incrível capacidade de trabalho. Ele dirigiu mais de oitocentos filmes num período de vinte anos, além de ter escrito uma centena de roteiros para outros diretores. Foi Feuillade o responsável pelos seriados *Bébé* (74 episódios entre 1910 e 1913); *La Vie Telle qu'elle Est* (15 episódios abordando temas sociais, rodados entre 1911 e 1913); *Bout-de-Zan* (53 aventuras entre 1912 e 1916); *Les Vampires* (10 episódios entre 1915 e 1916); *Judex* e *La Nouvelle Mission de Judex* (totalizando 24 capítulos entre 1916 e 1917); e vários outros.

Entre os cômicos, os mais famosos eram André Deed e Max Linder. Max Linder na verdade era o nome artístico de Gabriel-Maximilien Leuvielle, nascido na cidade francesa de Saint-Loubès em 1883. Tendo abandonado a escola aos 17 anos, o jovem Gabriel-Maximilien se mudou para Paris, onde iniciou

Nick Carter, uma das séries mais famosas do cinema francês do início do século.

Max Linder em foto do início do século XX.

sua carreira artística ao interpretar pequenos papéis no teatro. Aos 22 anos começou a trabalhar na Pathé, também como ator, mas sem abandonar os palcos. Resolveu, então, dividir seu tempo: filmes de manhã e peças à noite, o que poderia não ser muito bom para a carreira de um ator num momento em que os profissionais de teatro ainda consideravam o cinema uma simples diversão de feiras, sem nenhum caráter artístico. Assim, surgiu "Max Linder", um nome falso que, nas telas, encobriria a verdadeira identidade de Gabriel-Maximilien. Mas seu sucesso no cinema foi muito grande, e Max matou Gabriel, passando a se dedicar exclusivamente à carreira cinematográfica a partir de 1908. Apenas dois anos mais tarde, aos 27 anos de idade, Max Linder já era conhecido internacionalmente como o maior ator cômico da história do cinema (até então).

O tipo criado por Max – cavalheiro, galanteador, sedutor e sempre sem dinheiro – tornou-se rapidamente um personagem clássico nas comédias do cinema, imitado das mais diversas maneiras. Usando cartola, gravata, bengala, bigodes e tendo os cabelos sempre bem penteados, o simpático vigarista conquistou o mundo, e teve seu estilo copiado – assumidamente – pelo próprio Charles Chaplin. Max Linder protagonizou comédias curtas que arrancavam gargalhadas das plateias, além de escrever roteiros, dirigir e supervisionar a produção de seus filmes, como *Max Aéronaute* (1907); *Max Champion de Boxe* (1910); *Max se Marie, Max dans sa Famille* (ambos de 1911); *Max et les Femmes* (1912); *Max Asthmatique, Max Virtuose* (1913); e *Max dans les Airs*, de 1914, ano do auge da sua popularidade e riqueza. E também o ano em que é convocado para defender a França na Primeira Guerra Mundial. Durante um combate, uma bomba de gás venenoso atinge gravemente Gabriel-Maximilien e praticamente põe fim à carreira de Max, que passa a ser atormentado por fobias e problemas psicológicos. O ator chega a retornar ao cinema francês, porém, vendo sua popularidade desabar em seu próprio país, aceita um convite da empresa norte-americana Essanay, para a qual filma *Max Comes Across, Max Wants a Divorce* e *Max in a Taxi*, todos de 1917. Após esses três filmes, uma dupla pneumonia derruba novamente o cômico, colocando-o num sanatório suíço por quase um ano. Ao retornar aos Estados Unidos, Max filma, em 1921, *Be My Wife* e *Seven Years Bad Luck* ("sete anos de azar"), um título tristemente real. Ainda sem reencontrar o antigo sucesso, ele participa de mais três produções: *The Three Must-Get-Theres* (de 1922, uma sátira a *Os Três Mosqueteiros*, de Douglas Fairbanks), *Au Secors!* (na França, em 1924) e finalmente *Der Zirkuskönig*, produzido na Áustria também em 1924. No ano seguinte, deprimido e consciente de sua decadência, Max Linder faz um pacto suicida com a esposa e ambos são encontrados mortos num hotel de Paris. Ele tinha apenas 41 anos de idade.

A trajetória de Max Linder é o retrato triste e fiel de como a Primeira Guerra Mundial minou as bases do cinema europeu de forma violenta e irreversível, destruindo não apenas um enorme e promissor mercado como também seus talentos individuais.

## YES, NÓS TEMOS CINEMA

Engana-se quem acredita que o Brasil sempre esteve defasado quanto aos grandes avanços tecnológicos. Mesmo chegando atrasado ao mundo republicano – o que só aconteceu em 1889 –, o país aprendera a aceitar as novidades de sua época, graças aos ares progressistas do reinado de dom

*Vocês ainda não ouviram nada*

Pedro II. Assim como hoje, éramos uma nação de contrastes. A segunda do mundo a implantar o sistema de selos dos correios (perdendo apenas para a Inglaterra), uma das pioneiras na instalação da telefonia e uma das últimas a libertar seus escravos.

O cinema chegou ao Brasil rapidamente, passados pouco mais de seis meses da exibição dos irmãos Lumière, em Paris. No dia 8 de julho de 1896, no número 57 da Rua do Ouvidor, Rio de Janeiro, brasileiros e brasileiras assistiram a imagens em movimento projetadas por um certo omniógrafo, antes mesmo de canadenses, argentinos, mexicanos e japoneses. E apenas oito anos depois da abolição da escravatura.

No dia seguinte, o *Jornal do Comércio* registra:

> Omniógrafo – Com este nome, tão hibridamente composto, inaugurou-se ontem [...] um aparelho que projeta sobre uma tela colocada ao fundo da sala diversos espetáculos e cenas animadas por meio de uma série enorme de fotografias.
>
> Mais desenvolvido do que o kinetoscópio [...], cremos ser este o mesmo aparelho a que se dá o nome de cinematógrafo.
>
> Em uma vasta sala quadrangular, iluminada por lâmpadas elétricas de Edison, paredes pintadas de vermelho escuro, estão umas duzentas cadeiras dispostas em fila e voltadas para o fundo da sala onde se acha colocada, em altura conveniente, a tela refletora que deve medir dois metros de largura aproximadamente. O aparelho se acha por detrás dos espectadores, em um pequeno gabinete fechado, colocado entre as duas portas de entrada.
>
> Apaga-se a luz elétrica, fica a sala em trevas e na tela dos fundos aparece a projeção luminosa, a princípio fixa e apenas esboçada, mas vai pouco a pouco se destacando. Entrando em funções o aparelho, a cena anima-se e as figuras movem-se.
>
> Talvez por defeito das fotografias que se sucedem rapidamente, ou por inexperiência de quem trabalha com o aparelho, algumas cenas movem-se indistintamente em vibrações confusas; outras, porém, ressaltavam nítidas, firmes, acusando-se em um relevo extraordinário, dando magnífica impressão da vida real.

O repórter se refere ainda a cenas envolvendo "uma briga de gatos; uma outra de galos, uma banda de música militar; um trecho de bulevar parisiense; a chegada do trem; a oficina de ferreiro; uma praia de mar" e assim por diante. Encerrando a matéria, o anônimo jornalista adverte:

Cinematógrafo carioca do início do século.

O espetáculo é curioso e merece ser visto, mas aconselhamos os visitantes a se acautelarem contra os gatunos. Na escuridade negra em que fica a sala durante a visão, é muito fácil aos amigos do alheio o seu trabalho de colher o que não lhes pertence. A polícia, que tão bem os conhece, poderia providenciar no sentido de impedir-lhes a entrada naquele recinto.

Sim, estamos falando do Rio de Janeiro, cidade que, guardadas as devidas proporções, era para os brasileiros daquela época o equivalente a Nova York para os norte-americanos. Com quase 1 milhão de habitantes, o Rio recebia grandes levas de imigrantes europeus e de outras partes do país, criava cortiços para abrigar os novos moradores, gerava novos empregos e, consequentemente, abria-se para todas as formas de manifestação cultural. Principalmente as populares. O terreno era ideal para a chegada do cinema.

# HOLLYWOOD – O CINEMA RUMA PARA O OESTE

Controlando a produção mundial, o cinema norte-americano expandia cada vez mais os seus domínios. A indústria havia se tornado grande demais para permanecer restrita à Costa Leste, onde a proximidade da metrópole Nova York tornava os terrenos e a mão de obra muito caros. É por causa desse desenvolvimento verificado nos anos 1910 que o cinema ruma para o Oeste, em busca – dizem muitos autores – de sol e calor o ano todo.

O mundo pedia mais e mais filmes, e a produção realizada em Nova York era constantemente interrompida pela neve e pela chuva. Além disso, a Califórnia se apresentava como um lugar cada vez mais atrativo no que concerne à produção de filmes, não somente pela presença do sol o ano inteiro como também pela sua diversidade de cenários naturais. Bem perto de Los Angeles era possível encontrar vales, desertos, rios, montanhas, lagos, um oceano, formações rochosas, enfim, diversos cenários que poderiam servir de fundo tanto para um faroeste como para uma história árabe, ou mesmo para uma aventura em alto-mar.

Porém, é impossível justificar o deslocamento de todo um eixo industrial da Costa Leste para a Oeste citando apenas o sol e o calor, principalmente durante uma época em que os transportes e as comunicações ainda eram precários. Havia também um forte fator econômico: ainda razoavelmente isolada dos centros urbanos mais desenvolvidos do país, a cidade de Los Angeles podia oferecer mão de obra não sindicalizada, a um custo aproximadamente 50% menor em relação a Nova York. Ali os produtores encontravam cenários, figurinos,

Hollywood em 1905 (a Orange Drive é a rua à direita da foto), antes de a "loucura" dos filmes chegar.

além de serviços relacionados a eletricidade, pintura, transporte, enfim, tudo pela metade do preço praticado na Costa Leste. Pelos mesmos motivos, os terrenos também eram bem mais baratos na Califórnia, permitindo que as grandes empresas cinematográficas construíssem ali estúdios cada vez maiores.

E mais: durante o período de ação do truste de Edison, era muito mais fácil fugir de seus fiscais estando a milhares de quilômetros da metrópole e bem pertinho do México.

Tudo caiu como uma luva. As empresas passaram a montar seus estúdios no Oeste, mantendo seus escritórios comerciais no Leste, onde os negócios proliferavam com maior rapidez. A localização preferida para a construção das unidades de produção foi ao sopé das montanhas de Santa Mônica, num subúrbio chamado Hollywood, que oferecia lotes de terrenos a preços convidativos e fácil acesso ao centro de Los Angeles. O quadrilátero formado pela Sunset Boulevard (norte), Melrose Avenue (sul), Gower Street (oeste) e Western Avenue (leste) acolheu a maior concentração de astros, estrelas, produtores e diretores do planeta. Já no início dos anos 1920, a palavra Hollywood começava a se confundir com o próprio conceito de cinema, confusão, aliás, que se perpetua até hoje – o que pode ser comprovado se considerarmos que a mídia

*Vocês ainda não ouviram nada*

em geral se refere a qualquer filme americano como sendo uma produção "de Hollywood", mesmo que ela tenha sido rodada inteiramente em Nova York.

Não demorou também para que os ricos já instalados na região – que lidavam com petróleo e outras atividades industriais – passassem a torcer o nariz para aquela "gente de cinema", tão barulhenta e desregrada. No cinema não se bate cartão de ponto, não se trabalha no horário comercial. Equipes inteiras permanecem isoladas em locações distantes por semanas, as filmagens não têm hora para começar nem para terminar, as produções varam a noite; como as famílias haviam ficado no Leste, as festas eram constantes. Os poderosos da indústria do cinema poucos anos antes eram simples donos de lojinhas vindos do Leste Europeu. Já a maioria dos outros magnatas da região tinha vindo do Meio-Oeste e do Sul dos Estados Unidos, regiões bastante conservadoras. Nesse cenário, era inevitável que a comunidade cinematográfica fosse segregada.

Porém, os mesmos fatores que revestiram o cinema com uma couraça de preconceitos também atribuíram a ele uma aura de sedução. Os profissionais que lá estavam – na frente ou por trás das câmeras – eram verdadeiros desbravadores. Na verdade, ninguém sabia exatamente o que deveria ser feito. Como um filme se torna um sucesso? Quanto se deve investir numa produção? Como se deve atuar? Qual é o melhor roteiro, a melhor história? Quem são os melhores atores e atrizes? De onde vem o talento? Como descobrir um novo astro? Se até hoje essas perguntas ainda estão sem resposta, imagine então a situação naquele final dos anos 1910. Uma coisa era certa – e sedutora: fortunas inteiras se formavam do dia para a noite.

Os atores de teatro, que historicamente desprezavam o cinema, passaram a vê-lo como um mercado promissor. Nos palcos, as semanas de ensaio não eram remuneradas, e não era raro que uma peça permanecesse em cartaz por um período menor que o dos ensaios. Nas telas, o ator contratado por um estúdio ganhava um salário fixo, quer ele filmasse, quer não. E com a vantagem de não precisar viajar.

As cifras pagas aos atores de cinema começavam a se multiplicar na mesma proporção em que a indústria se enriquecia. Harry E. Aitken, chefão da Triangle, decidiu enfrentar Adolph Zukor, da concorrente Famous Players, contratando grandes atores da Broadway e oferecendo cachês de até 3 mil dólares semanais, aproximadamente seis vezes mais do que um nome de peso recebia no teatro. A cifra era tentadora. No início de 1915, nem Mary Pickford conseguia arrancar mais de mil dólares semanais de Zukor, enquanto o já consagrado Charles Chaplin, no mesmo ano, transferiu-se da Keystone para a Essanay em troca de 1.250 dólares por semana. Os salários foram rapida-

A megaestrela Mary Pickford
em cena de *Pollyanna*.

mente inflacionados. Apenas um ano depois, Pickford já recebia 2 mil dólares por semana, mais a metade dos lucros de seus filmes. E Chaplin foi às alturas, assinando, naquele ano de 1916, um contrato de 10 mil dólares semanais com a Mutual, mais 150 mil como gratificação pela transferência.

Mas Chaplin e Mary Pickford são nomes cultuados até hoje; no entanto, quem já ouviu falar de Herbert Beerbohm Tree, DeWolf Hopper ou Lew Fields, atores que Aitken levou da Broadway para Hollywood? Naquela época, assim como hoje, era impossível prever o nível de sucesso de um astro. Durante quantos anos Harrison Ford teve de trabalhar como marceneiro cenográfico antes de virar Indiana Jones? E quantos filmes ruins Sharon Stone teve de fazer antes de estourar nas telas, já com mais de 30 anos? De onde vem um astro? Do teatro? Do balcão de uma loja? O que é preciso ter? Um rosto bonito, um corpo atlético, uma cara engraçada ou apenas carisma?

O fato é que logo cedo Hollywood percebeu que sucesso nos palcos não significa – necessariamente – sucesso nas telas. Muitos atores da Broadway que enfrentaram a longa jornada (de trem) entre Nova York e Los Angeles acabaram perdendo a viagem. Eles acharam estranho atuar sem a reação do público, contracenar com uma lente, não ter de usar a voz, não poder desenvolver o personagem após cada apresentação e – pior – interpretar, em poucos minutos, cenas de raiva, paixão, medo, amor e riso, sem trabalhar as emoções.

*Vocês ainda não ouviram nada*

O fracasso de alguns atores de teatro e o sucesso de outros (Douglas Fairbanks, por exemplo) disseminaram ainda mais a ideia de que qualquer um poderia despontar como astro dessa nova arte chamada cinema. Assim, jovens de todas as partes do país começaram a fazer suas malas para tentar a sorte em Hollywood – justamente os filhos dos membros da classe média conservadora que tanto preconceito alimentava contra o cinema. O problema, agora, era que o centro de produção cinematográfica do país estava localizado no Oeste distante e "selvagem", e se antes as garotas tomavam um trem para passar somente o final de semana em Nova York, esperando ser fisgadas por um produtor, agora elas teriam de – efetivamente – se mudar de mala e cuia para Los Angeles se quisessem mesmo tentar a carreira. Esse contingente de jovens que passou a gravitar em torno dos estúdios, formando longas filas nos departamentos de elenco, contribuiu para a consolidação de um estilo de vida típico de Hollywood. O subúrbio, que já era desregrado e festeiro, também ganhava a fama de devorador de incautas garotinhas. E garotinhos.

A imigração era tão expressiva que, em 1924, Marilynn Conners publicou o livro *What Chance Have I in Hollywood?* ("Eu tenho chance em Hollywood?"); a autora teve a intenção de escrever uma obra séria, mas com o tempo a publicação mostrou ser um hilariante manual de alarmismo. Provavelmente encomendado por temerosos pais e mães, o livro informava que, anualmente, 5 mil garotas desapareciam de Hollywood, tendo como destino bordéis, casas de ópio e a fronteira com o México.

Nem tudo que se imaginava era verdade, havendo muitos exageros. Existiam, sim, várias trocas de favores, fazendo que jovens atrizes fossem contratadas por serem sobrinhas ou amantes de figuras influentes. Existiam também os famosos "testes do sofá", mas isso não é exclusividade do cinema, muito menos daquela época. E jovens que não conseguiam nenhuma ocupação na indústria dos sonhos (o que ocorria na maioria dos casos) e construíram sua vida na região, encarando os mais diversos empregos e subempregos. Mas é importante também que se registre que, por causa dessas milhares de garotas que apareciam às portas dos estúdios, a indústria do cinema passou a utilizar mão de obra feminina em proporções bem maiores que a maioria das indústrias norte-americanas da época. É claro que nem todas podiam ser atrizes, mas muitas vagas foram abertas para figurinistas, costureiras, cenógrafas, roteiristas, laboratoristas. Mas isso não foi suficiente para eliminar o preconceito contra a "gente de cinema".

E se os homens e mulheres da indústria já eram vistos com ares de reprovação pelos conservadores, em setembro de 1921 esse sentimento se intensificou, quando um simples evento em São Francisco acabou assumindo contornos trágicos. A atriz Virginia Rappe morreu – talvez em virtude de overdose, talvez de peritonite – durante uma festa que se prolongou por todo um feriado. As principais suspeitas acabaram recaindo sobre Roscoe "Fatty" Arbuckle, comediante que nos anos 1910 só perdia em popularidade para Chaplin. Após três julgamentos, Arbuckle foi declarado inocente, mas sua carreira foi encerrada.

Para piorar a situação, pouco tempo depois o diretor William Desmond Taylor foi encontrado morto em sua casa. A última pessoa que viu Taylor vivo foi a comediante Mabel Normand – uma das parceiras de Arbuckle na Keystone –, que acabou sendo acusada de cometer o crime. Na casa do diretor foram encontradas cartas de amor assinadas pela também atriz Mary Miles Minter, concluindo-se que Mabel matara Taylor por ciúme de Mary. Nada foi provado, mas a carreira de ambas as atrizes se acabaram com o episódio.

"Há algo nos filmes que parece tornar os homens e as mulheres menos humanos e mais animais". A frase está no livro *The Sins of Hollywood* ("Os pecados de Hollywood"), publicado em 1922. O autor? Anônimo.

É impossível precisar quanto desse preconceito foi motivado por reais convicções morais dos segmentos conservadores da sociedade e quanto estava ligado a questões de apelo econômico. A burguesia moralista estava mesmo disposta a enterrar a indústria do cinema ou ela simplesmente não suportava ver aqueles milhões de dólares passando por mãos de cineastas estrangeiros e astros vindos das classes baixas? Não seriam uma ofensa aqueles milhares de galpões empoeirados exibindo filmetes e juntando desempregados, analfabetos, imigrantes, mulheres desocupadas? Levando crianças a matarem aulas? Pior ainda: eles estavam em todos os lugares, invadindo pacificamente regiões dominadas pela classe média de todas as cidades americanas. E pediam apenas cinco centavos.

Em 1909, uma disputa judicial envolvendo o meio cinematográfico terminou com a vitória da polícia de Chicago, que desde 1907 detinha o poder de cortar cenas de homicídios, roubos e sequestros, ou mesmo de proibir a exibição de filmes inteiros. O juiz do Supremo Tribunal de Illinois confirmou esse poder policial, alegando que seu decreto

> [...] aplica-se a estabelecimentos que cobram entre cinco e dez centavos pelo ingresso [...] e que em virtude do preço baixo são frequentados e procurados por grande número de crianças, assim como por pessoas de recursos limitados, que não assistem às produções de peças e dramas nos teatros comuns. O seu público, portanto, inclui as classes cuja idade, edu-

*Vocês ainda não ouviram nada*

cação e situação de vida lhes dá direito à proteção contra a má influência de representações obscenas e imorais.

Trocando em miúdos, como os poeiras eram frequentados por pobres e menores, a polícia deveria decidir quais filmes poderiam ser exibidos.

Em 1915, o Supremo Tribunal Federal norte-americano reconheceu o direito de censura cinematográfica aos estados de Ohio, Pensilvânia e Kansas; como consequência, ofereceu um precedente para os demais estados que desejassem estabelecer seu departamento de censura. Várias vozes se levantaram contra os filmes, vozes de autoridades religiosas, de psicólogos e até de alguns oftalmologistas, que prestavam depoimentos sobre os malefícios da projeção para os olhos das crianças.

As prefeituras engrossavam o coro, pois tinham sérias dificuldades para fiscalizar esses estabelecimentos – e consequentemente para cobrar os devidos impostos –, que muitas vezes não passavam de simples tendas e barracões. Mas tendas e barracões que faturavam muito dinheiro. No já citado episódio de dezembro de 1908, quando as autoridades nova-iorquinas determinaram o fechamento de todos os poeiras da cidade, as casas de exibição, acusadas de imoralidade, foram reabertas logo após a aprovação do aumento das taxas de funcionamento. Ou seja, com maior arrecadação de impostos as tendas deixavam de ser imorais. A verdade é que o moralismo da sociedade conservadora encontrou eco na ganância do poder público, e, como resultado, a atividade cinematográfica passou a ser atacada por todos os lados. Era impossível, porém, acabar com uma indústria tão poderosa e lucrativa. Tampouco havia esse interesse. As autoridades não estavam de fato preocupadas com o efeito que cenas de assaltos ou de permissividades sensuais pudessem ou não provocar nas crianças. O que não era mais tolerável naquele momento era permitir que todos aqueles milhões de dólares gerados pela indústria saíssem do controle dos poderosos.

Assim, não por acaso o primeiro longa-metragem produzido nos Estados Unidos – *Oliver Twist* – foi lançado em 1912, em meio a diversas discussões sobre a censura. A ideia era eliminar as classe baixas das salas de exibição por meio da cobrança de ingressos cada vez mais caros. Filmes mais longos proporcionariam sessões com preços maiores, que por sua vez atrairiam o público burguês. Com o apoio da classe média e o banimento do proletariado, os ânimos moralistas seriam controlados e os produtores teriam um pouco mais de paz. Além disso, por causa desse novo público, mais exigente, as salas teriam de ser reformadas, tornando-se mais confortáveis, mais bem estabelecidas como atividade comercial e, consequentemente, melhores pagadoras de taxas e impostos.

Os Estados Unidos – donos do mercado mundial – saem atrás de França, Austrália, Dinamarca, Itália, Espanha, Rússia e outros países no que diz respeito à produção de longas-metragens, não por questões técnicas, mas sim mercadológicas. A produção de filmes longos não foi iniciada para atender a uma necessidade estética e/ ou artística dos cineastas, mas por imposição da burguesia. A partir de 1912, a indústria do cinema passa a direcionar sua produção para a classe média, cuspindo em ritmo frenético no prato em que vinha comendo desde o século anterior. Os dois longas-metragens produzidos nos Estados Unidos naquele ano se transformaram em uma dúzia no ano seguinte, 212 em 1914, 419 em 1915 e 677 em 1916. Missão cumprida. Segundo o historiador Robert Sklar (1980), nos anos 1920,

> [...] toda grande cidade e a maioria das cidades de tamanho médio se envaideciam de possuir pelo menos um suntuoso palácio do cinema novinho em folha. Na calçada, um porteiro de sobrecasaca e luvas brancas esperava para abrir a porta dos carros que chegavam e mostrar aos passageiros o caminho da bilheteria. Se estivesse chovendo, ele teria um guarda-chuva aberto sobre a cabeça dos recém-chegados; se estivesse nevando, outro porteiro, no saguão, se precipitaria para escovar os capotes cheios de flocos de neve [...]. O recém-chegado percorria longos e ornamentados corredores, aquietado pela atmosfera de templo egípcio ou de palácio barroco.

A tendência era mundial. Em 1911, Paris abriga a luxuosa inauguração do Gaumont Palace, gigantesco cinema para 5 mil espectadores. No mesmo ano, em Berlim, é inaugurado o Alhambra Platz, com capacidade para 2 mil pessoas, a mesma do Panellinion, aberto em Atenas também naquele ano. E Copenhague, em 1912, ganha o seu Palads Teatret, com 3 mil assentos.

Entre 1912 e 1927, são rodados nos Estados Unidos nada menos que 9.045 longas-metragens, pouco mais de 1,5 por dia, em média. Estava decretado o fim dos poeiras e da predominância do público proletário.

## NASCE UMA ESTRELA: A MGM

No fim da Primeira Guerra, boa parte dos grandes estúdios cinematográficos norte-americanos já estava estabelecida. Universal, Fox, Paramount, nomes de peso até hoje reconhecidos, já tinham sua base muito bem fincada no solo fértil do mercado cinematográfico da América no final dos anos 1910. Não exatamente sob os mesmos nomes e marcas que se tornaram célebres mais tarde, mas definitivamente sob o comando dos mesmos empresários. Destrinchar o quebra-cabeça formado por chefões de estúdios, compras e vendas de participações acionárias, fusões e negociatas – que montaram grandes empresas e desmontaram outras – é uma tarefa que renderia um ótimo roteiro para um intrincado filme de espionagem.

A Radio-Keith-Orpheum (RKO), por exemplo, só surgiu com esse nome em 1928, já na época do cinema falado, mas tem raízes na antiga Mutual. Uma pequena sala de exibição aberta em Milwaukee, em 1909, foi o embrião da Mutual, que mais tarde foi absorvida pela Film Booking Offices of America (FBO), que por sua vez foi transformada em RKO. Isso para encurtar a história.

Mais estável, a pioneira Universal opera com o mesmo nome desde 1912, e a 20th Century Fox só ganharia essa razão social em 1935, com a fusão das empresas 20th Century e Fox Film. Esta última já funcionava sob o comando de William Fox desde 1915. Caso semelhante é o da Paramount Pictures Incorporated, que só foi consolidada sob esse nome em 1935, embora seus dois principais proprietários – Adolph Zukor e Jesse Lasky – trabalhassem juntos desde 1916. Vale lembrar que a Paramount Pictures Corporation – que não é exatamente a mesma coisa que a Paramount Pictures Incorporated – foi fundada em 1913, e só três anos mais tarde incorporada ao império de Zukor e Lasky.

Em janeiro de 1919, quatro dos maiores nomes do cinema se uniram para formar a United Artists Corporation: Charles Chaplin, D. W. Griffith, Mary Pickford e Douglas Fairbanks. A associação remonta à época da Primeira Guerra, quando Chaplin, Pickford e Fairbanks viajaram juntos vendendo bônus. Tendo como finalidade maior a distribuição, a formação da United Artists não requeria, necessariamente, que seus sócios interrompessem os serviços que prestavam a outros estúdios. Chaplin, Pickford e Griffith tinham contratos milionários com a First National, enquanto Fairbanks produzia seus filmes por meio da Douglas Fairbanks Film Corporation e os lançava com o auxílio da Artcraft, uma das empresas de Zukor. No fim, todos saíam ganhando.

Entre todas as complicadas histórias dos grandes estúdios, talvez a mais cheia de nuances seja a da Metro-Goldwyn-Mayer (MGM). Para compreendê-la, antes é preciso conhecer um pouco da vida de mais dois importantes empresários do setor: Louis B. Mayer e Marcus Loew.

Em 1884, nascia na cidade de Minsk, na Bielorússia (que então fazia parte do Império Russo), Eliezer Mayer, que mais tarde adotaria o nome artístico de Louis B. Mayer e também o patriótico 4 de julho como o dia de seu aniversário, já que a data real era desconhecida. Ainda garoto, Mayer emigrou para a América; enquanto frequentava a escola, seu pai comercializava sucata e sua mãe vendia galinhas de porta em porta. Crescido, seguiu os passos do pai, estabelecendo-se no ramo da sucata, em Boston, ao mesmo tempo que realizava pequenos biscates para aumentar sua renda mensal. Em 1907, comprou uma pequena sala de exibição de filmes na cidadezinha de Haverhill, em Massachusetts, e em cinco anos tornara-se o proprietário da maior rede exibidora da Nova Inglaterra. Em 1914, ampliou os negócios para o ramo da distribuição de filmes, e ganhou muito dinheiro distribuindo cópias de *O Nascimento de uma Nação* por toda a região da Nova Inglaterra. Quatro anos depois, após passar um período na pequena Alco, empresa produtora de filmes, fundou em Los Angeles a sua própria companhia, a Louis B. Mayer Pictures.

A história de Marcus Loew não é muito diferente. Filho de imigrantes judeus austríacos, abandonou a escola aos 9 anos e tentou a sorte com vários negócios antes de se estabelecer como dono de salas de exibição. Em 1912, sua empresa, a Loew's Theatrical Enterprises, já possuía cerca de quatrocentas salas em todo o país. Na virada da década, com o objetivo de fornecer filmes para seus próprios cinemas, ele comprou a Metro Pictures, pequena empresa fundada no final de 1915. Coincidentemente, Metro nada mais era que o atual nome da antiga Alco, por onde havia passado Louis B. Mayer.

Enquanto isso, a Goldwyn Pictures, estúdio formado em 1917 por Edgar Selwyn e Samuel Goldwyn, acenava com filmes de qualidade, mas ainda não havia conseguido o tão esperado sucesso comercial. À beira da falência, Samuel decidiu deixar o estúdio e montar a sua própria empresa, a Samuel Goldwyn Productions, em 1923, sem nenhum sócio. Sozinho, o cineasta/ empresário teve oportunidade de demonstrar mais claramente o seu talento, e logo a frase *Samuel Goldwyn presents* ("Samuel Goldwyn apresenta") passou a ser vista como sinônimo de qualidade. Entre seus filmes mais famosos desse período está a superprodução *Ben-Hur* (versão de 1925), um dos maiores sucessos do cinema mudo, realizado em parceria com a MGM.

Foi somente em 1924 que a Metro, a Louis B. Mayer Pictures e a Goldwyn se fundiram para a criação da Metro-Goldwyn-Mayer. Loew adquiriu a Goldwyn e a Louis B. Mayer. Da Goldwyn foram adquiridos também a famosa logomarca com o leão e o lema *Ars gratia artis* ("Arte pela arte"), ambos criados pelo publicitário e letrista de canções Howard Dietz. Com Marcus Loew no comando geral, Louis B. Mayer na vice-presidência principal, Irving Thalberg como vice-presidente de produção, grande apoio financeiro de bancos e exibições garantidas na rede de cinemas de Loew, o sucesso acon-

*Vocês ainda não ouviram nada*

Irving Thalberg (à esquerda) e Louis B. Meyer. Ao centro aparece a esposa de Thalberg, a atriz Norma Shearer.

teceu de forma rápida e segura. A ironia ficou a cargo da questão dos nomes: Samuel Goldwyn, que já havia deixado a Goldwyn Pictures quando a fusão foi realizada, jamais participou acionariamente da MGM, embora seu nome seja divulgado nos quatro cantos do mundo até hoje, graças ao famoso logotipo da empresa. E o nome de Irving Thalberg, um dos grandes responsáveis pelo sucesso do novo estúdio, jamais fez parte da razão social da empresa. Ele sequer gostava de ser creditado nos filmes. Quando foi convidado para ser um dos vice-presidentes da MGM tinha apenas 24 anos, mas já era considerado um fenômeno da indústria cinematográfica.

Nascido em Nova York, em 1899, em meio a uma família de judeus alemães, Irving Grant Thalberg desde cedo foi desenganado pelos médicos, que afirmavam que seu coração não duraria mais que trinta anos. Assim, não se preocupou em cursar uma universidade, preferindo arrumar um emprego simples como secretário do assistente de Carl Laemmle, amigo da família e chefão da Universal. Esperto, inteligente, muito ativo e cheio de boas ideias, logo Thalberg tornou-se secretário particular do próprio Laemmle e responsável pelo setor de produção da Universal. Com apenas 20 anos já administrava com grande competência os estúdios da empresa, e, devido a sua grande sensibilidade, conseguia enxergar com clareza quais argumentos e roteiros mereciam ser transformados em filme e quais deviam ir para o lixo. Foi ele também o grande responsável pela implantação de uma verdadeira "linha de montagem" de filmes, dentro da Universal, com uma divisão de trabalho semelhante à das indústrias mecânicas. O sistema rendeu ao estúdio o apelido de "fábrica de filmes", o que poderia ser ofensivo para os cineastas mais artísticos, mas significava de fato uma vitória para Thalberg.

Em Hollywood, ganhou o apelido *The Boy Wonder* ("O Garoto-Maravilha"), que se tornou mais popular após os confrontos que teve com o diretor Erich von Stroheim (por sua vez apelidado de *Enfant Terrible*, "Criança Terrível"), durante as filmagens de *Esposas Ingênuas* (1922) e *Merry-Go--Round* (1923). Com pose de conde prussiano e um falso índice de nobreza ("von") acrescido ao seu nome, Stroheim ganhara a admiração de Carl Laemmle já em 1919, ano de produção de *Maridos Cegos*, em que atuou como roteirista, diretor e ator. O filme não apenas foi um grande sucesso da Universal como também abriu caminho para toda uma linha de comédias sobre gente rica, ambientadas em lugares exóticos. Logo em seguida realizou *The Devil's Passkey*, ainda com total liberdade para trabalhar, ou seja, sem a presença do garoto Thalberg no estúdio. Mas com *Esposas Ingênuas* a rivalidade Thalberg/ Stroheim se acendeu. O austríaco (ele não era prussiano, conforme afirmava) não aceitava imposições de cronograma, temas, minutagem ou verba, enquanto o americano tinha como função primordial dentro do estúdio racionalizar os processos de produção, visando, acima de tudo, ao lucro. A situação entre os dois, que já era tensa na época de *Esposas Ingênuas*, tornou-se insustentável após *Merry-Go-Round*, e a corda acabou arrebentando do lado de Stroheim, que se desligou do estúdio e foi trabalhar na Goldwyn Pictures.

Embora profissionalmente a situação de Thalberg dentro da Universal fosse das melhores, no campo pessoal seu relacionamento com Laemmle começava a ruir, principalmente após ele ter se recusado a casar com Rosabelle, filha do patrão. A gota d'água teria sido a desavença entre ambos ocorrida durante a produção de *O Corcunda de Notre Dame*, com Lon Chaney no papel de Quasímodo. Thalberg queria fazer do filme um grande épico de prestígio e sucesso comercial – e conseguiu –, enquanto Laemmle acreditava que a Universal deveria produzir em maior quantidade, com nível artístico apenas bom. Além disso, enquanto Thalberg almejava a sociedade dentro da empresa, Laemmle estava disposto apenas a subir seu salário de 400 para 450 dólares semanais. Dadas as divergências irreconciliáveis, em fevereiro de 1923 Thalberg deixa a Universal e torna-se vice-presidente de produção da pequena Louis B. Mayer Pictures, que no ano seguinte participaria da fusão que originou a MGM. Uma fusão, aliás, muito lucrativa para Thalberg, que assumiu

*Vocês ainda não ouviram nada*

Primeira versão de *Ben-Hur,* um dos maiores sucessos do cinema mudo, lançado em 1925.

a vice-presidência de produção da nova empresa, ganhando 650 dólares por semana mais 4% dos lucros totais do estúdio. Nada mau para alguém cujo salário inicial na Universal era de 25 dólares semanais.

Ironicamente, um dos primeiros trabalhos de Thalberg já na nova empresa foi supervisionar a produção de *Ouro e Maldição* – a história de um homem simples levado à loucura pela sua esposa ambiciosa –, cujo projeto previa sete horas de duração, tendo como diretor ninguém menos que Erich von Stroheim, seu antigo adversário na Universal. De olho no sucesso comercial, o supervisor da produção jamais poderia permitir que um filme com tal duração chegasse às salas de exibição. De olho em suas pretensões e convicções artísticas, Stroheim não estava disposto a negociar cortes em sua obra. O lado financeiro falou mais alto e – novamente – Thalberg ganhou a disputa: *Ouro e Maldição* foi lançado em dezembro de 1924, com 140 minutos de duração e praticamente nenhum sucesso.

Vencendo essa e outras batalhas, Thalberg se transformou num dos grandes responsáveis pelo sucesso da MGM no final dos anos 1920 e início da década seguinte. Jamais hesitou em remontar filmes que considerava insatisfatórios tantas vezes quantas fossem necessárias, apesar dos conflitos que poderiam ser gerados. Foi ele também quem instituiu as chamadas *sneak previews*, costume largamente utilizado até hoje na indústria do cinema e que consiste em convidar pessoas comuns para que assistam a um filme antes de sua montagem final e possam opinar sobre diferentes finais, o destino dos personagens, o ritmo e até mesmo sobre a viabilidade do lançamento no circuito comercial. Durante seus doze anos na MGM, Thalberg supervisionou, pessoalmente, produções como *He Who Gets Slapped* (1924); *A Viúva Alegre, O Grande Desfile, Ben-Hur* (todos de 1925); *Flesh and the Devil* (1926); *A Turba* (1928); *Anna Christie, The Big House* (1930); e várias outras. Em meados de 1927, a jovem MGM mantinha sob contrato 41 roteiristas, 25 diretores e uma lista de 45 atores da qual constavam nomes como Lon Chaney, Jackie Coogan (o astro mirim de *O Garoto*, de Chaplin), Marion Davies, John Gilbert, Lillian Gish, Ramon Novarro, Joan Crawford, Lionel Barrymore, Norma Shearer e Greta Garbo. Graças à "linha de montagem"de Thalberg, naquele mesmo período a MGM tinha nada menos que 77 projetos em andamento, em alguma fase da produção (do argumento inicial ao corte final).

Infelizmente, porém, seus médicos tinham razão: o frágil coração de Thalberg só resistiu 37 anos. Vale mencionar que os estudiosos ou historiadores de cinema que quiserem realizar um levantamento de sua vida assistindo aos filmes do período depararão com um curioso fato: o nome do vice-presidente de produção jamais figurou nos créditos. Thalberg acreditava que quem tinha o poder de decidir quais nomes vão ou não assinar um filme – isso é, ele próprio – não precisava desse luxo. A única vez que Thalberg foi creditado numa tela de cinema foi como argumentista num filme menor – *The Dangerous Little Demon*, de 1922 (e mesmo assim como "I. R. Irving"). Dessa forma, não deixa de ser irônico que o seu nome tenha sido lembrado tantas vezes durante a entrega dos Oscars. Isso porque a partir de 1937 a Academia de Hollywood passou a outorgar o Irving G. Thalberg Memorial Award, um prêmio conferido para, segundo o texto oficial, "*creative producers whose bodies of work reflect a consistently high quality of motion picture production*", ou seja, para produtores cuja obra reflita, de forma consistente, um alto nível de qualidade no que concerne à produção cinematográfica.

O filme *O Último Magnata* (1976), com Robert De Niro no papel principal, foi baseado na vida de Thalberg.

## VALENTINO, DE LAVADOR DE PRATOS A *LATIN LOVER*

A primeira grande estrela da Metro era "importada" da Itália, e tinha um nome quilométrico que jamais caberia nas marquises dos cinemas: Rodolfo Alfonzo Raffaello Pierre Filibert Guglielmi di Valentina d'Antonguolla. Ou, simplesmente, Rodolfo Valentino. Embora sugerisse nobreza, esse nome tão pomposo na verdade escondia um garoto de classe média, filho de um

*Vocês ainda não ouviram nada*

O galã Valentino em cena do filme *O Filho do Sheik*.

veterinário do Exército, que passou pelos mais diversos empregos antes de conhecer a fama.

Nascido em 6 de maio de 1895, Rodolfo frequentou a Academia Militar Italiana antes de partir para a França, em busca de novos desafios. Nada conseguiu, e chegou até a pedir esmolas nas esquinas parisienses. Em 1913 trocou a velha Europa, às portas da Primeira Guerra, por Nova York, que acenava com incontáveis oportunidades. Arrumou hospedagem no bairro do Brooklyn, entre outros imigrantes italianos, e fez um pouco de tudo: foi jardineiro, garçom, lavador de pratos, marginal. Cometendo pequenos trambiques, começou a ter problemas com a polícia e até foi preso.

Conseguiu trabalho como *taxi dancer* (ou dançarino de aluguel) e eventualmente realizava algumas exibições de dança em clubes noturnos. Apadrinhado pela atriz russa Alla Nazimova, participou, como dançarino, de vários espetáculos musicais até 1917, ano em que finalmente chegou a Hollywood. Após algumas pontas e pequenas participações – geralmente como vilão –, Rodolfo foi descoberto pela roteirista da Metro June Mathis, que insistiu com os produtores para que lhe fosse dado um dos papéis principais de *Os Quatro Cavaleiros do Apocalipse*. O filme foi um dos maiores sucessos de 1921, e Rodolfo se transformou num astro.

Um corpo ágil e esguio de bailarino, uma sensualidade que insinuava um homossexualismo contido e uma forte presença romântica na tela fizeram de Rodolfo Valentino um dos grandes mitos da época. O *Latin lover* misterioso que servia de contraponto ao moralismo americano. Uma ameaça para os homens, um delírio para as mulheres. Quando rodou *O Sheik*, para a Paramount, também em 1921, a todo esse "latinismo" foi somado o típico exotismo das arábias, estabelecendo definitivamente a fama de Valentino como o ator mais sensual que já surgira na tela. O filme causou desmaios nas plateias e a ascensão da moda árabe nas vitrines.

Os sucessos de bilheteria continuaram, como *Sangue e Areia* (1922) e *Monsieur Beaucaire* (1924), entre outros. Mas enquanto ele conquistava corações na tela, na vida real seu casamento com a atriz Natasha Rambova se mostrava desastroso. Fortemente influenciado por ela, Valentino passou a usar gestos cada vez mais afetados nos filmes, afastando assim o público feminino. E os executivos dos estúdios não suportavam a presença sempre pedante e desagradável de Rambova nos sets de filmagem.

A carreira de Valentino entrava em declínio, mesmo após os bons resultados de *O Águia* (1925) e *O Filho do Sheik*, rodado para a United Artists em 1926. Muito criticado e taxado de homossexual, Valentino deu entrada no hospital de Nova York com uma úlcera perfurada. Morreu em 23 de agosto daquele mesmo ano, causando uma onda de histeria entre suas fãs de proporções raramente vistas. Mesmo décadas após sua morte, os fã-clubes do ator continuaram ativos em vários países, e sua figura mítica permanece até hoje como um ícone de romantismo e exotismo.

# ANIMAÇÃO – O CINEMA DESENHADO

Com os filmes e a atividade cinematográfica se profissionalizando, o segmento da animação também evoluía. No início do século XX, foram se reduzindo as experimentações rudimentares similares às de Reynaud, ou mesmo de Edison, que chegou a produzir um *stop-motion* em 1900 (*The Enchanted Drawing*), cuja realização baseou-se muito mais num simples efeito que propriamente numa técnica de animação. Da mesma forma que o público exigia cada vez mais qualidade nos filmes de ação ao vivo, os desenhos animados – que na maioria dos casos eram exibidos antes do filme principal – também deveriam acompanhar essa exigência. Afinal, animação e ação filmada faziam parte do mesmo programa, e deveriam agradar às audiências igualmente.

A partir de 1906 começam a surgir experiências mais interessantes nessa área. É nesse ano que a Vitagraph produz *Humorous Phases of Funny Faces*, de J. Stuart Blackton, curta-metragem que mostra um artista criando um desenho que de repente ganha vida própria. Interessante, mas ainda bem distante dos desenhos mais "animados" que viriam a seguir.

Dois anos depois, o parisiense Émile Cohl realiza para a Gaumont a animação *Fantasmagorie*, exibida pela primeira vez no Théâtre du Gymnase, em sua cidade natal, no dia 17 de agosto de 1908. O desenho foi o primeiro a contar uma história e também a não mostrar a mão do artista criando os traços animados. Mas o pioneirismo de Cohl não para por aí: ele é considerado também o criador do primeiro personagem fixo de desenhos animados

*167*

*Gertie the Dinosaur*, de 1914:
um dos pioneiros da animação.

(Fantoche, um homenzinho que aparece em vários de seus trabalhos), além de ter sido o primeiro animador profissional do cinema. Entre 1908 e 1918, Cohl realizou mais de cem curtas de animação para a Gaumont, Pathé e Eclair, com base em pranchas que ele próprio desenhava e posteriormente filmava pelo sistema *stop-motion*.

Enquanto isso, nos Estados Unidos, Winsor McCay realiza, em 1914, o desenho animado de grande sucesso *Gertie the Dinosaur*, entrando também para a galeria dos pioneiros do setor. McCay foi cartunista do *New York Herald*, criador de histórias em quadrinhos hoje tidas como clássicas e é considerado por alguns historiadores o realizador do primeiro desenho animado de longa metragem do cinema: *The Sinking of the Lusitania*, de 1918. Porém, pesquisadores mais detalhistas encontraram registros de um desenho de setenta minutos de duração, realizado na Argentina, no ano anterior: *El Apóstol*, uma sátira à política local, produzido por Frederico Valle e dirigido e animado por Quirino Cristiani. O filme demandou 50 mil desenhos, criados por uma equipe de cinco animadores coordenados pelo cartunista Diógenes Taborda.

Voltando a McCay, graças à técnica apurada e ao traço preciso, ele foi sucesso de crítica e de público nos anos 1910 e 1920, quando realizou importantes e criativos desenhos animados, como *Little Nemo, The Story of*

*Vocês ainda não ouviram nada*

*Colonel Heeza Liar in Africa*, de 1913.

*a Mosquito, The Centaurs, Dream of a Rarebit Fiend* e outros. O pesquisador Leonard Maltin chega a afirmar que, na época, diversas pessoas ingenuamente acreditavam que os desenhos de McCay eram bonecos suspensos por fios.

Vários outros cartunistas e caricaturistas de revistas e jornais também se interessaram pela técnica dos desenhos animados e desenvolveram trabalhos para as telas, ainda no período mudo. Entre eles, Henry "Hy" Mayer, com sua série de curtas *Travelaughs*; Bert Green, que trabalhava para o cinejornal semanal *Pathé News*; Rube Goldberg, que realizava desenhos semanais também para os estúdios de Pathé; e John Randolph Bray, que abandonou seu emprego de cartunista no jornal *Brooklyn Eagle* para tentar desenvolver novas técnicas de animação.

Bray acreditava que deveria existir uma forma mais simples de realizar desenhos animados para o cinema em relação ao exaustivo sistema envolvendo a confecção de milhares de pranchas individuais. Em 1913 ele realizou *The Dachshund and the Sausage* (também conhecido como *The Artist's Dreams*), mostrando um desenhista que interrompe seu trabalho e deixa um cartum quase pronto no papel. Na sua ausência, o cachorro que ele estava desenhando ganha vida e come seu prato de salsichas. Nada exatamente criativo, lembrando até as primeiras experiências de Blackton e Cohl, mas seu traço era firme e de qualidade. Tanto que por causa desse desenho ele foi contratado por Charles Pathé, para quem realizou, no mesmo ano, *Colonel Heeza Liar in Africa*, baseado no Barão de Münchausen. Divertido, mentiroso e com mania de grandeza, o coronel Heeza Liar era, na realidade, uma sátira ao ex-presidente Theodore Roosevelt. O personagem fez grande sucesso e deu origem a uma série de desenhos, sempre muito bem recebidos pelo público.

Enquanto desfrutava do prestígio de sua criação, Bray não abandonou sua ideia de simplificar e agilizar o processo de produção dos desenhos animados. Após muita pesquisa, em 11 de agosto de 1914 ele consegue registrar a patente de um novo e revolucionário método de animação, graças ao qual os desenhos não mais necessitariam ser exaustivamente copiados e repetidos. O processo de Bray consistia em criar um cenário – ou *background* – fixo, enquanto os objetos a serem animados eram desenhados sobre folhas transparentes. Trocando-se apenas essas folhas, e não mais a prancha inteira, era possível realizar desenhos animados de forma mais rápida, mais barata e menos cansativa – um sistema, aliás, utilizado até hoje. A invenção foi aperfeiçoada por um colega, Earl Hurd, e em 1917 ambos formaram a Bray-Hurd Process Company, visando à produção de desenhos animados de grande qualidade com o uso do novo sistema. Mais do que ótimas animações, a empresa de Bray produziu profissionais dos mais expressivos no setor. Entre eles, três jovens que viriam a se tornar grandes nomes da animação: Walter Lantz, Paul Terry e Max Fleischer.

## FÉLIX DÁ O PULO DO GATO

Nos primórdios do século XX, a animação se desenvolve como técnica, arte e indústria. No bairro do Bronx, o franco-canadense Raoul Barré foi provavelmente o primeiro a montar um estúdio de desenhos animados, em 1914, com a colaboração de Bill Nolan. Ao lado de seus jovens assistentes – Gregory La Cava (que depois se tornaria um famoso diretor de comédias) e Frank Moser –, Barré realiza em 1915 a série de desenhos *Animated Grouch Chasers*, produzida e distribuída por Edison. No ano seguinte, o magnata William Randolph Hearst contrata os dois assistentes de Barré, além de Nolan, e, motivado pelo seu grande sucesso como editor e distribuidor de tiras cômicas para jornais, funda o seu próprio estúdio de animação, o International Film Service. Lá são produzidos desenhos animados estrelados por personagens já famosos dos jornais, como Krazy Kat, Happy Hooligan, Os Sobrinhos do Capitão e Pafúncio & Marocas. Barré, por sua vez, se associa ao cartunista Charles Bowers para produzir e lançar uma série animada com os famosos personagens Mutt e Jeff, criados por Bud Fisher. A associação dura somente até 1918, mesmo ano em que Raldolph Hearst decide que seria mais lucrativo fechar seu estúdio e continuar apenas licenciando o uso de personagens para outras empresas.

A década de 1910 é marcada por três grandes estúdios de animação atuando no mercado norte-americano: os de Bray, Hearst e Barré. Nenhum dos três sobreviveu aos anos 1920, mas de dentro deles saíram grandes talentos que dariam prosseguimento à arte, à técnica e à indústria dos desenhos animados para cinema. Entre eles, o californiano Paul Terry e o cracoviano Max Fleischer, ex-pupilos de Bray, que se uniram a outro cartunista – o australiano e ex-lutador de boxe Pat Sullivan –, dominando o setor até o final da era muda.

Pat Sullivan era assistente de William F. Marriner, um cartunista muito popular que morreu tragicamente durante um incêndio, em 1914. Ele acabou se tornando uma espécie de herdeiro natural do trabalho de Marriner, de quem tomou emprestada a tira *Sambo and His Funny Noises* para realizar uma série animada chamada *Sammie Johnsin*, em 1916. Sullivan fotografava seu trabalho nos estúdios da Universal, em Nova Jersey, onde conheceu um jovem desenhista chamado Otto Messmer, ainda um aprendiz. Os dois fizeram amizade e passaram a trabalhar juntos, desenvolvendo, além do personagem Sammie Johnsin, as séries *Boomer Bill, Twenty Thousand Laughs Under the Sea* (sátira a *20.000 Léguas Submarinas*) e vários desenhos animados nos quais o personagem retratado era ninguém menos que Carlitos.

Enquanto isso, Bray deixava de distribuir seus desenhos por intermédio da Paramount, transferindo-se para a Goldwyn. Isso fez que a Paramount criasse sua própria revista cinematográfica semanal de desenhos animados, naquela época já uma exigência do público. Um grupo de animadores liderados por Paul Terry passou a trabalhar para a empresa, mas o produtor John King chamou também Pat Sullivan para que os ajudasse na estafante tarefa. Sullivan levou consigo o assistente Messmer, e, como havia uma sobrecarga de trabalho no estúdio, pediu a ele que criasse um personagem nas poucas horas de folga, em casa. Messmer então desenhou um gato preto, esperto e divertido, que o produtor John King batizou de Félix. King gostava do contraste entre a figura do gato preto, sempre associada ao azar, e a palavra Félix, que para ele lembrava *felicity* – felicidade, sorte. Na realidade, Messmer preferiu pintar o animal quase todo de preto porque assim evitaria detalhes artísticos e ganharia tempo na execução dos desenhos.

O primeiro episódio foi produzido em 1919, e se chamou *Feline Follies*, sendo que o gato ainda não havia sido batizado. O nome Félix só surgiu no segundo capítulo, *Musical Mews*. O sucesso foi tanto que em 1921 Sullivan deixou a Paramount e se associou a M. J. Winkler para que cuidassem da distribuição mundial do Gato Félix. Nessa época o personagem realizou o caminho inverso do que se conhecia até então, dando origem a tiras para jornais após o sucesso nas telas, o contrário do que havia ocorrido com Mutt & Jeff, Pafúncio & Marocas, Os Sobrinhos do Capitão e tantos outros. O Gato Félix

Cartaz original anunciando um curta do Gato Félix.

estreou nos jornais americanos, também com muito sucesso, em 14 de agosto de 1923. Uma de suas características mais marcantes era a capacidade de imediatamente transformar sua cauda no que lhe fosse necessário, desde um bastão de beisebol até um telescópio. Ele também era capaz de se transformar numa mala para conseguir uma viagem de graça, ou de se espremer pelo fio do telefone e chegar rapidamente ao seu interlocutor. Solitário e criativo ao resolver seus problemas, Félix chegou a ser chamado de "o Charles Chaplin dos desenhos animados".

A linha de produção do personagem incluía Pat Sullivan na supervisão, Otto Messmer como roteirista, desenhista e diretor e, a partir de 1923, Bill Nolan como desenhista e animador. Em 1925, Nolan saiu do estúdio para produzir seus próprios desenhos animados estrelados por Krazy Kat, e foi substituído por ninguém menos que o pioneiro Raoul Barré, que havia fechado sua empresa na década anterior. Após a morte de Sullivan, em 1933, Messmer passou a assinar os desenhos de Félix e manteve-se no posto até 1954, quando foi substituído por Joe Oriolo. *O Gato Félix* foi um dos maiores sucessos dos desenhos animados de todos os tempos, sendo constantemente reinventado, com a produção de novas versões.

*Vocês ainda não ouviram nada*

## OS FLEISCHERS, ANTES DE BETTY BOOP E POPEYE

O segundo entre cinco irmãos de uma numerosa família, Max Fleischer nasceu na Cracóvia em 1883, e desembarcou em Nova York aos 4 anos de idade. Estudou artes mas, ao contrário daqueles que viriam a se tornar seus colegas, tinha muito mais interesse em mecânica que em caricaturas para jornais, embora tivesse sido cartunista do *Brooklyn Eagle*. Foi editor da revista *Popular Science* e entrou para o mundo dos desenhos animados pela porta da tecnologia, ao inventar e patentear o rotoscópio. O aparelho servia basicamente para projetar quadro a quadro filmes de ação ao vivo por detrás de uma mesa de luz, de forma que um artista pudesse desenhar seus personagens em folhas de papel ou celuloide por cima dessa mesa, como que "colando" do filme, obtendo assim maior precisão em relação aos movimentos humanos. Seu irmão Dave o ajudava com a parte mecânica, enquanto outro irmão, Joe, posava para o filme.

Após um ano de testes e experiências, os irmãos Fleischer conseguiram produzir uma amostra de um minuto de um desenho animado realizado por meio do rotoscópio, e levaram a novidade para Adolph Zukor, chefão da Paramount. Zukor colocou Max em contato com John Bray, que o contratou para que realizasse um desenho animado por mês para a série *Inkwell* (tinteiro). Na mesma época, Dave conseguiu emprego como cortador e montador de filmes, primeiro na Pathé, depois no Exército americano, trabalhando em produções de propaganda durante a Primeira Guerra. Terminado o conflito, Max retoma a série de Bray, rebatizando-a como *Out of the Inkwell* ("fora do tinteiro"). Com técnica e precisão, o desenho mostrava um pequeno palhaço – Koko – formado pela tinta que saía do bico de uma pena. O humor e a leveza de movimentos apresentados chamaram a atenção do público e da crítica da época, e a série se tornou um sucesso.

Em 1921, Max e Dave decidem formar sua própria empresa, chamada Out of the Inkwell Films, e passam a explorar uma nova técnica: a mistura de animação com ação ao vivo. Agora, Koko, em desenho animado, saía de seu tinteiro para interagir com o "mundo real", ou seja, ambientes filmados pelo processo normal. Os excelentes resultados técnicos e criativos proporcionaram um show de efeitos especiais. O próprio Max aparecia em vários de seus desenhos, geralmente brigando com Koko. Um perfeito exemplo da integração criador/ criatura aparece no desenho *Koko Gets Egg-Cited* (1926): é o palhaço quem desenha Max, como se ele fosse um cartum.

O sucesso da série permite que Max faça trabalhos experimentais, principalmente relacionados ao tema de sua paixão: a ciência. Ele realiza um longa

Peça publicitária de 1921 vendendo aos exibidores a série *Out of the Inkwell*.

animado de uma hora de duração explicando, de forma simplificada, a teoria da relatividade de Einstein, e logo em seguida faz outro sobre a teoria da evolução das espécies. A partir de 1924, a dupla Max e Dave inaugura uma nova sequência de sucessos por meio da série *Bouncing Ball* (literalmente, "bola saltitante"), na qual letras de músicas populares são animadas e uma bolinha serve de guia para que o público cante junto. Como – nunca é demais lembrar – o cinema nessa época ainda é mudo, a música é tocada ao vivo, por pianistas ou organistas. No Brasil, mais de trinta anos depois, esse tipo de desenho ficou conhecido por causa da série com as "bolinhas dançantes" da Harveytoon.

Filmes nos quais o público era convidado a cantar não eram exatamente uma novidade, mas os traços e o humor dos desenhos da dupla obtiveram uma empatia com as audiências até então nunca vista. Um dos segredos dos Fleischers: nos primeiros filmes, a bolinha dançante não era realizada em desenho animado, mas sim em ação ao vivo, sendo que uma bola luminosa fincada num bastão escuro era manuseada no ritmo da música. Enquanto isso, outra pessoa acionava um cilindro rotativo que continha a letra da música, escrita em rolos de papel. Com o uso desse simples sistema, desenhos animados e sobreposições davam mais vida às canções.

A inquietação de Max em relação às novidades técnicas e científicas fez que a dupla não fosse derrotada pelo advento do cinema sonoro. Muito pelo contrário. Os irmãos, que antes mesmo de 1927 já haviam realizado alguns experimentos com desenhos animados sonoros, tiveram seu apogeu após a era muda: no início dos anos 1930, eles criaram a famosa Betty Boop e animaram – com base nas tiras de E. C. Segar – o não menos famoso marinheiro Popeye. Max e Dave trabalharam juntos até 1941, quando Dave se tornou o chefe do departamento de cartuns da Columbia e Max, por sua vez, passou a se dedicar mais à produção de filmes de ação ao vivo. Max faleceu em 1972, aos 89 anos, e Dave sete anos mais tarde, aos 85. O filho de Max, Richard, foi um diretor de cinema bastante produtivo, tendo assinado a direção de mais de sessenta filmes, entre eles *20.000 Léguas Submarinas*, *O Homem que Odiava as Mulheres* e *Conan, o Destruidor*.

## PAUL TERRY, PRÉ-SUPER MOUSE

Outro grande nome da animação muda – Paul Terry – também veio do universo das tiras de jornais. Sendo o caçula de uma família de cinco irmãos, perdeu a mãe quando tinha apenas 1 ano, e sua infância na Califórnia parecia – segundo ele próprio – um filme de Frank Capra visto pelo lado dos pobres. Inspirado por John, seu irmão mais velho, Paul largou a escola e foi trabalhar como office boy no jornal *San Francisco Bulletin*, conseguindo pouco depois um emprego como fotógrafo no *San Francisco Chronicle*. Com apenas 19 anos, participou da cobertura jornalística de uma das maiores tragédias do século XX: o grande terremoto ocorrido em São Francisco em 1906.

Como fotógrafo e desenhista, trabalhou em jornais de Montana, Oregon, voltou à Califórnia e depois se mudou para Nova York, onde trabalhou como desenhista de cartazes publicitários para bondes e trens do metrô; também foi cartunista do jornal *New York Press*. Incentivado por Winsor McCay, Paul fez seu primeiro filme de animação em 1915: *Little Herman*, e conseguiu vendê-lo por quatrocentos dólares para uma empresa cinematográfica chamada Thanhouser. A experiência deixou Paul entusiasmado, e ele passou a se dedicar totalmente aos desenhos animados. Trabalhando para John Bray, criou Al Falfa, um velho fazendeiro de barbas brancas cujos desenhos foram exibidos na TV brasileira até os anos 1960.

O velho fazendeiro *Al Falfa*,
criação de Paul Terry

Seu trabalho com Bray foi interrompido durante a Primeira Guerra, quando ele foi designado para contar – cinematograficamente – a história da medicina militar. Para isso, teve de estudar anatomia e um pouco de medicina. Misturando técnicas de animação e ação filmada, Paul realizou vários filmes médicos para o Exército americano. Terminada a guerra, ele retomou a produção dos desenhos de Al Falfa, passando a vendê-los para a Paramount.

Sua primeira grande contribuição para os desenhos animados aconteceu em 1921, quando, baseado numa ideia do ator e roteirista Howard Estabrook, começou a adaptar as clássicas fábulas de Esopo para a animação cinematográfica. O casamento era perfeito: os originais de Esopo pediam a interação de pessoas com animais, e isso só os desenhos animados poderiam proporcionar. O bom humor dos roteiros, a "moral da história", sempre presente no final de cada desenho, e uma eficiente distribuição realizada pela Pathé fizeram da série um grande sucesso. Inteligentemente, Paul fez que Al Falfa também participasse das fábulas, dando, assim, longa vida ao seu personagem.

Cerca de vinte artistas, além do próprio Paul, realizaram os desenhos da série numa velocidade espantosa: uma história por semana, durante oito anos, totalizando mais de quatrocentos curtas.

Logo após o final da era muda do cinema, Paul criou o estúdio de animação Terrytoons, onde nasceram personagens marcantes como os corvos Faísca e Fumaça e a mais famosa de suas criações: o Super Mouse. Paul continuou trabalhando com desenhos animados até 1955, quando vendeu seu estúdio e seu acervo de mais de 1.100 títulos para a CBS, aposentando-se na sequência. Morreu em 1971, aos 84 anos.

*Vocês ainda não ouviram nada*

# DISNEY ANTES DE MICKEY MOUSE?

Engana-se quem imagina que o primeiro personagem criado por Walt Disney tenha sido o falante Mickey Mouse. A história do mais famoso estúdio de animação do planeta começa numa era pré-Mickey, mais precisamente em 1919, quando o então adolescente Walter Elias Disney – que foi motorista de ambulância durante a Primeira Guerra – arranjou emprego como desenhista numa agência de publicidade em Kansas City, a Pesmen-Rubin. Lá conheceu o também adolescente Ub (abreviatura de Ubbe) Iwerks, de quem se tornou amigo e sócio – vale mencionar que, segundo alguns, essa amizade era questionável, já que Disney acabaria por explorá-lo. Os dois jovens, mais tarde, passaram a trabalhar na Kansas City Film Ad Company, para a qual produziam comerciais em forma de desenho animado para exibição nos cinemas locais.

Pouco tempo depois, Walt decidiu produzir animações por conta própria. Entrou em contato com Frank Newman, proprietário de uma poderosa rede de cinemas no Meio-Oeste americano, e o convenceu a bancar a série de piadas animadas *Laugh-O-Grams*, que satirizava famosos contos infantis. Os resultados foram satisfatórios a ponto de encorajar Walt a montar, em 1922, sua própria produtora de desenhos, a qual também batizou de Laugh-O-Gram. Contratou o amigo Iwerks e começou a desenvolver algo que seria uma de suas marcas registradas: cursos para jovens desenhistas e animadores. Porém, inexperiente e sem estrutura empresarial, a Laugh-O-Gram logo fechou as portas.

No início de 1923, graças a um desenho publicitário freelance realizado para um dentista, Walt arrecadou quinhentos dólares e novamente contratou Iwerks para ajudá-lo a produzir a série *Alice in Cartoonland*, misto de animação e ação ao vivo com resultados irregulares. Alice – na verdade Virginia Davis, uma modelo infantil – participava da ação que era desenvolvida num mundo de desenho animado. Com um financiamento adicional de duzentos dólares provido por Roy, seu irmão mais velho, Walt conseguiu realizar amostras de sua ideia e as ofereceu a vários distribuidores, até finalmente receber uma resposta positiva de Margaret J. Winkler, a distribuidora independente das séries *Out of the Inkwell* e *O Gato Félix*. Otimista, ele convidou Roy para ser seu sócio na Disney Brothers, fundada oficialmente naquele mesmo ano de 1923.

Com um terço de animação e dois terços de ação filmada, o primeiro episódio da série – *Alice's Day at the Sea* – custou aos irmãos 750 dólares; Winkler pagou 1.500 para que pudesse distribuí-lo. Estava dado o pontapé inicial para aquilo que mais tarde seria um megaestúdio de animação. Em março de 1924,

Oswald, the Lucky Rabbit,
da Disney Brothers.

a série estreou em circuito regional, engordou as contas da empresa e estremeceu a relação entre Walt e Ub. Isso porque Walt havia prometido a Ub a sociedade nos negócios, mas agora preferia tê-lo como funcionário. Com o sucesso, a Disney Brothers contratou outros desenhistas e animadores para que trabalhassem na série *Alice*, inclusive o jovem Friz Freleng (assim como Ub, natural de Kansas City), que anos depois se tornaria um dos principais animadores dos desenhos do coelho Pernalonga e o produtor da série animada *A Pantera Cor-de-Rosa*.

Em 1926, Charles Mintz, marido de Winkler (que havia assumido o controle de seu escritório), pediu à Disney que cancelasse a produção de *Alice*, mas em contrapartida encomendou a criação de um personagem que pudesse ser oferecido à Universal Pictures para competir com o Gato Félix. Walt, Ub e a equipe do estúdio se debruçaram sobre as pranchetas da Disney Brothers e começaram a trabalhar; o resultado foi um coelho preto que Mintz batizou de Oswald (ou Osvaldo, no Brasil). A Universal aprovou a ideia e, em 1927, estreou *Trolley Troubles*, o primeiro desenho da série *Oswald the Lucky Rabbit*. A aceitação do público e da crítica foi tão grande que a Disney passou a receber quase o dobro do que ganhava por título produzido na época da série *Alice*: cada desenho de Oswald rendia ao estúdio 2.250 dólares, mais percentagem sobre a bilheteria. Walt, porém, demonstrou sua ingenuidade comercial ao permitir que Mintz e a Universal – e não ele próprio – explorassem o merchandising do coelho, agora famoso. Pior: sem o conhecimento da Disney, Mintz havia registrado e patenteado o nome e o personagem Oswald.

*178*

*Vocês ainda não ouviram nada*

*Steamboat Willie*, a estreia
de Mickey Mouse.

Roy sugeriu, então, que o estúdio criasse um novo personagem para substituir o coelho "roubado". Assim nasceu Mickey, rascunhado por Walt, aperfeiçoado por Ub e batizado por Lillian, esposa de Walt (seu criador queria chamá-lo de Mortimer). Em 1928, após dois testes fracassados – *Plane Crazy* e *The Gallopin' Gaucho* –, a equipe da Disney produziu *Steamboat Willie*, cuja inspiração foi o filme *Marinheiro por Descuido*, de Buster Keaton. Mickey Mouse era o "astro" principal. A versão final da animação parecia bastante satisfatória, mas naquela altura dos acontecimentos – poucos meses após o estrondoso sucesso do filme falado *O Cantor de Jazz* – lançar um desenho mudo seria algo insensato. Walt determinou, então, que fosse adicionada uma trilha de ruídos, efeitos e músicas ao novo desenho. Ele mesmo se encarregaria de dublar o ratinho (o que acabou fazendo por muitos anos mais). Assim, após um pesado investimento de 15 mil dólares, *Steamboat Willie* finalmente estreou, em Nova York, em 18 de novembro de 1928, como abertura para o filme *Gang War*, estrelado por Jack Pickford. O sucesso foi estrondoso, elevando Walt Disney, rapidamente, à categoria de "menino-prodígio" da indústria do cinema.

Durante muito tempo se especulou a respeito das verdadeiras relações de trabalho entre Walt Disney e Ub Iwerks, em especial quanto à criação de Mickey Mouse e do coelho Oswald. Muitos defendem a tese de que Ub era quem fazia de fato todo o trabalho criativo, enquanto Walt apenas administrava o estúdio. Recentemente, até a origem de Walt passou a ser questionada, sob a tese de que ele poderia ser um bastardo espanhol adotado pela família

Disney. Sua certidão de nascimento jamais foi encontrada, e esse mistério provavelmente permanecerá sem solução.

O que se sabe com certeza, porém, é que Ub trabalhou durante vários anos nos Estúdios Disney, supervisionando a animação e desenvolvendo uma série de novas tecnologias no setor. Atuou também como supervisor de efeitos especiais em produções de outros estúdios (incluindo *Os Pássaros*, de Hitchcock), e morreu em 1971, aos 70 anos.

Walt faleceu em 1966, aos 65 anos, deixando como legado um dos maiores conglomerados empresariais do setor do entretenimento.

# CRISE – SERÁ QUE OS LUMIÈRE TINHAM RAZÃO?

No início dos anos 1920, a frequência aos cinemas começa a cair sensivelmente, como se a atividade tivesse atingido o ponto de saturação. Em 1918, a indústria norte-americana de filmes havia registrado a marca recorde de 841 longas produzidos (fora os curtas), o que representa uma média de 2,3 longas-metragens concluídos por dia! Haja mercado! No mesmo período, outros países também batem recordes de filmes produzidos, como a Alemanha (com 646 títulos em 1921, número nunca mais alcançado naquele país), Itália (com 152 filmes em 1920, recorde que só seria quebrado nos anos 1950), Reino Unido (com 155 produções em 1920, praticamente o dobro da média registrada no período entre 1915 e 1919) e até países de menor expressão no terreno cinematográfico, como a antiga Tchecoslováquia, a Áustria e a Austrália. Vale lembrar que esses números se referem somente à produção de longas-metragens.

Em todo o mundo, o aumento do número de salas de cinema cresceu de forma considerável, como mostra o quadro na página 182.

Nos Estados Unidos, esse número caiu de 15.700 em 1913 para 15 mil dez anos mais tarde, o que se deve ao fechamento de milhares de poeiras. A construção de salas luxuosas experimentou, na mesma época, um ritmo tão acelerado que em 1929 já eram contabilizados 23.344 cinemas em todo o território norte-americano.

Essa verdadeira inflação de filmes e cinemas coincidiu com dois acontecimentos associados a novas formas de lazer que conquistaram rapidamente

Sala de cinema ocupando o térreo de um grande edifício comercial de Nova York (1909).

| NÚMERO DE SALAS DE CINEMA |||||| 
|---|---|---|---|---|---|
|  | *1912* | *1914* | *1919* | *1920* | *1925* |
| *Austrália* | – | – | 760 | – | 1.216 |
| *França* | – | – | – | 1.525 | 2.974 |
| *Alemanha* | 1.500 | – | 2.299 | 3.731 | 3.878 |
| *Japão* | – | – | – | 600 | 1.050 |
| *Espanha* | – | 200 | – | 570 | 1.500 |

a simpatia da população dos Estados Unidos. Primeiro, o início das transmissões comerciais de rádio, fenômeno que deixou muita gente em casa, presa aos enormes receptores. Segundo, a popularização dos automóveis, agora mais acessíveis aos trabalhadores, mediante financiamentos e prestações. Milhares de pessoas trocaram as salas escuras dos cinemas por longos passeios ao ar livre.

Os mais moralistas, ainda de plantão, atribuíam a queda nas vendas de ingressos de cinema ao comportamento "libertário" dos filmes. Vale mencionar que o advento do longa-metragem pode ter aquietado os ânimos da bur-

Greta Garbo foi uma das estrelas "importadas" da Europa pelo cinema americano.

guesia conservadora, mas não a calou por completo. Mesmo porque, com o alongamento dos roteiros, as tramas se sofisticaram, passando a abordar de forma mais explícita temas delicados como a sedução e o adultério. Para driblar os defensores da moral americana, os produtores reservavam os papéis mais polêmicos para astros vindos do exterior, como que projetando para fora do país os "desvios de personalidade" dos personagens de seus filmes. Assim, amantes, pecadores, andarilhos, vagabundos, homens e mulheres de moral duvidosa eram muitas vezes interpretados por atores não americanos.

A medida, além de tudo, tinha fundo mercadológico, pois o cinema americano era levado a importar os melhores atores do mercado europeu, enfraquecendo a produção do Velho Mundo, que já dava mostras de recuperação após a Primeira Guerra. De qualquer maneira, como os melhores salários estavam na América, não era difícil importar astros europeus como o italiano Rodolfo Valentino ou a sueca Greta Garbo.

Ao perder público para o rádio, para os automóveis e até para as pressões moralistas, o cinema dava sinais de cansaço. Não era nada fácil contentar aquela massa de mais de 40 milhões de espectadores por semana – isso mesmo, por semana! – que lotavam as salas de exibição dos Estados Unidos em busca de emoções em movimento. Parecia que tudo já havia sido filmado. Tortas na cara, paixões avassaladoras, aventuras, faroestes, correrias, terror, os mais diversos dramas históricos, adaptações dos livros e peças teatrais mais importantes, ou seja, tudo. "Se você viu um, viu todos", disse com desdém a personagem Kathy Selden (vivida por Debbie Reynolds) referindo-se aos filmes, em *Cantando na Chuva*, que é ambientado na época do cinema mudo. Estariam se concretizando, com vinte anos de atraso, as previsões dos irmãos Lumière? O cinema seria mesmo um modismo passageiro, em final de carreira?

Obviamente, a resposta é não. Obviamente nos dias de hoje, pois naquele tempo os produtores só sabiam que, para manter o público, era necessário acenar com novidades e mais novidades. Só não sabiam como. A cada filme parecia mais difícil conseguir algo novo. Porém, as grandes ideias e as maiores revoluções acontecem em consequência das crises mais agudas, e no cinema não seria diferente. O declínio do público verificado no início dos anos 1920 era um sinal de que uma grande reviravolta estava por acontecer, ainda naquela década.

# NA EUROPA, OS DITADORES IMPÕEM OS CAMINHOS

Profundas transformações aconteceram no mercado de cinema durante os anos 1910 e 1920. O proletariado cedeu seu lugar à classe média, o longa-metragem se firmou como a mais aceita forma de expressão cinematográfica, Hollywood se transformou na capital dos sonhos e – mais do que nunca – os filmes caíram no gosto de multidões cada vez maiores. Na Europa, os principais países produtores de cinema contabilizavam seus mortos, seus prejuízos, tentavam reequilibrar a economia e aos poucos retomavam a produção.

Otimistas, os italianos abriram várias empresas cinematográficas, como a Tespi, por exemplo, fundada em 1919 pelo dramaturgo Luigi Pirandello. Logo, porém, perceberam que seria muito difícil concorrer com norte-americanos e alemães por uma fatia significativa do mercado de filmes. Em 1922, mais de 90% dos filmes exibidos na Itália eram estrangeiros, e o país, que havia rodado 151 longas em 1919, viu sua produção despencar para 56 em 1920. Nem a criação da Unione Cinematografica Italiana (UCI), entidade de defesa dos interesses do cinema daquele país, conseguiu evitar a quebradeira das produtoras e a emigração de seus talentos para França, Alemanha e Estados Unidos.

Dois fatores contribuíram para agravar ainda mais a crise italiana. Primeiro, o total desastre em que se transformaram as filmagens de *Ben-Hur*, em 1925, produção americana rodada na Itália: desorganização, atrasos, acidentes fatais e um custo recorde para a época de 4 milhões de dólares contribuíram para que o país caísse no conceito da comunidade cinematográfica. Segundo,

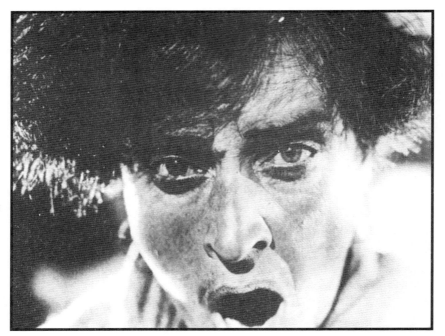

*Close* dramático em *O Encouraçado Potemkim*, filme que revolucionou a montagem no cinema.

a intervenção autoritária do regime fascista de Benito Mussolini, que exigia que 10% dos filmes exibidos no país fossem italianos, ainda que não houvesse produção suficiente para isso. Mussolini também passou a utilizar L'Unione Cinematografica Educativa (Luce) com finalidades mais propagandísticas que propriamente educacionais, alterando sua função inicial. A virada de década foi catastrófica para o cinema italiano, que produziu apenas dez longas em 1929, e apenas meia dúzia no ano seguinte.

Mas, enquanto os italianos estavam descontentes com a ostensiva intervenção de Mussolini em seus filmes, os russos tinham ainda mais motivos para reclamar. Após a Revolução de 1917, não havia mais espaço para as antigas formas de fazer filmes. Os veteranos da área se viram obrigados a deixar o país, enquanto o poder lutava para implantar um novo cinema soviético, agora comprometido com os ideais bolcheviques. Porém, como produzir filmes numa sociedade caótica, num período de transição revolucionária em que nada parecia funcionar? Nem mesmo os esforços de Lenin, ao criar um departamento de cinema em seu Ministério da Educação, conseguiram fazer que a produção soviética deslanchasse. Pelo contrário. O país havia alcançado seu recorde em 1916, com 74 longas produzidos, mas esse número desabou

*Vocês ainda não ouviram nada*

para 57, 27 e 12, respectivamente em 1917, 1918, 1919, os primeiros três anos da Revolução.

Essa queda se deu também em função da forte resistência e do boicote dos antigos exibidores e produtores, que não aceitavam a interferência estatal na sétima arte. A comandante do departamento de cinema – Nadezhda Krupskaya – proibiu a entrada de filmes estrangeiros na Rússia, bem como de películas virgens e equipamentos específicos. E os temas, agora, deveriam girar em torno do louvor à Revolução. Por mais que houvesse reclamações, Nadezhda mantinha-se firme em seu posto, já que além de chefe do setor ela era também esposa de Lenin. O ponto positivo ficou por conta da construção de duas importantes escolas de cinema naquele período, uma em Moscou e a outra em São Petersburgo.

Em 1919, visando calar de vez as vozes contrárias à politização da atividade cinematográfica, o governo central decidiu estatizar o cinema soviético. O desastre foi total. Entre 1920 e 1921, o número de salas de exibição em Moscou despencou de 143 para 10. Restou apenas um punhado de cinemas funcionando em condições precárias, lutando contra equipamentos obsoletos e blecautes. O ano de 1920 se encerra com oito longas produzidos. Alguns títulos de filmes do período são: *O Agitador Doméstico, No Front Vermelho, A Foice e o Martelo, A História da Guerra Civil.*

Diante de um quadro tão desanimador, o novo plano econômico de Lenin, de 1921, muda o sistema e dá um renovado alento ao cinema, permitindo um retorno parcial da iniciativa privada e firmando, já no ano seguinte, um acordo de coparticipação cinematográfica entre União Soviética e Alemanha. A resolução tomada pelo governo era mista, pois teriam de coexistir a Sovkino (empresa estatal de cinema, controlada pelo poder central soviético), uma comissão estatal que verificava o conteúdo político dos filmes, acordos internacionais com a Alemanha e até produtoras particulares, como a Mezhrabpom e a Leningradkino.

A situação melhorou em julho de 1925, quando um decreto do politburo suavizou a exigência da presença de temas revolucionários nos filmes, abrindo campo para novas experimentações temáticas e formais. Os resultados foram positivos: não apenas a produção superou a casa dos setenta longas em 1925 e 1926 como o cinema soviético passou a viver um de seus momentos mais criativos, talvez "o período mais empolgante de toda a sua história", segundo o historiador Ephraim Katz, no qual convivem os mais diversos gêneros e estilos. Agora há espaço para a comédia *As Extraordinárias Aventuras de Mr. West no País dos Bolcheviques*, sobre um americano na Rússia, para *A Bela e o Bolchevique*, ou para a fantasia futurista *Aelita*. Iniciam-se acaloradas discussões cinematográficas nos jornais e revistas; Vladimir Maiakóvski – cujo nome apresenta raízes eminentemente teatrais – passa a influenciar os jovens cineastas.

Com *A Greve* e *O Encouraçado Potemkin*, Sergei Eisenstein revoluciona a arte e a técnica da montagem, imprimindo em seus filmes um ritmo e uma riqueza visual jamais apreciados até então. Ao lado de Vsevolod Pudovkin e Aleksandr Dovzhenko, Eisenstein compõe uma poderosa trinca que ajudou a levar o nome da União Soviética a toda e qualquer sala de aula, em qualquer canto do mundo, onde se discuta cinema.

Nesse período, surgem cineastas e filmes de grande qualidade, como Dziga Vertov (*Um Sexto do Mundo*, de 1926, e *Um Homem com uma Câmera*, de 1929), Esther Shub (*A Queda da Dinastia Romanov*, de 1927, e *A Rússia de Nicolau II e Liev Tolstói*, de 1928), Lev Kuleshov (*Dura Lex*, de 1926), Abram Room (*Cama e Sofá*, de 1927), Boris Barnet (*A Garota com a Caixa de Chapéus*, de 1927, e *A Casa da Praça Trubnaya*, de 1928), Friedrich Ermler (*As Maçãs de Katka*, de 1926, e *Fragmentos do Império*, de 1929), Vsevolod Pudovkin, (*A Mãe*, rodado em 1926, e *O Fim de São Petersburgo*, de 1927), Aleksandr Dovzhenko (*Zvenigora* e *Arsenal*, ambos de 1928), Nikolai Okhlopkov, Yakov Bliokh, Sergei Yutkevich, Nikolai Shengelaya, Fédor Ozep, Mikheil Chiaureli, Victor Turin, Ilya Trauberg e vários outros.

Dentre todos, foi sem dúvida Sergei Eisenstein o que mais reconhecimento internacional conseguiu obter. Filho de mãe russa e pai judeu alemão, Sergei nasceu em Riga, em 1898, e muito cedo se interessou por assuntos culturais. Aos 10 anos já era fluente em russo, inglês, francês e alemão. Lia muito e desenhava com habilidade. Começou a estudar engenharia e arquitetura, matérias que logo trocaria pelo teatro e pelas artes em geral. Foi caricaturista da *Petersburgkaya Gazetta*, sob o pseudônimo Sir Gay, e com a Revolução alistou-se no Exército Vermelho, no qual serviu por dois anos. Montou um grupo de teatro amador, aprendeu sozinho o idioma japonês e conseguiu emprego como cenógrafo no Teatro Proletkult, logo ascendendo ao posto de codiretor. Ingressou mais tarde na conceituada escola de teatro estatal, destacando-se em praticamente todas as áreas. E, para quem acha revolucionária a tendência atual de montar peças em locais exóticos, um aviso: Eisenstein já fazia isso nos anos 1920, encenando peças em fábricas.

Cinéfilo apaixonado e admirador de Griffith, passou a estudar cinema e auxiliar na montagem de algumas produções locais. Após escrever e dirigir o curta-metragem *O Diário de Glumov*, em 1923, fez, dois anos mais tarde, seu primeiro longa: *A Greve*, saudado pelo jornal *Pravda* como "a primeira criação revolucionária do nosso cinema". No mesmo ano, lança outro clássico: *O En-*

*Vocês ainda não ouviram nada*

*Outubro*, um dos clássicos de Einsenstein.

*couraçado Potemkin*, filme que colocou a União Soviética no mapa da produção cinematográfica e fez de Eisenstein uma celebridade do dia para a noite. Sorte de principiante? Não. Eisenstein passava meses pesquisando o assunto de seus filmes, depois dedicava-se demoradamente ao roteiro e arquitetava com muito cuidado todos os planos de filmagem, chegando até a desenhá-los – ou seja, compunha um *storyboard*. Na hora da montagem, era especialmente caprichoso e criativo, inventando fórmulas, experimentando as mais variadas justaposições e usando toda a experiência obtida nas áreas do desenho e do teatro. (Vale lembrar que o negativo original de *Potemkin* foi mutilado na Alemanha, na época de seu lançamento, o que torna impossível a sua exata e fiel reconstituição. Pelo mundo, há várias versões do filme.)

Dirigiu também mais um clássico – *Outubro*, de 1928 – e outros curtas e longas, até o fatídico decreto de 7 de dezembro de 1929, quando o novo chefe de Estado, Stalin, determinou que 30% de todas as verbas destinadas à produção cinematográfica deveriam ser revertidas para um fundo que financiaria documentários de propaganda governamental. Menos de dois anos depois, outro decreto extinguia a Sovkino e criava a Soyuzkino, entidade diretamente supervisionada pelo Conselho Nacional de Economia da União Soviética, e não mais pelo Conselho Educacional, como ocorria antes. Para a presidência da Soyuzkino, Stalin escolheu Boris Shumyatsky, um burocrata.

Sob o comando do novo ditador, o cinema da União Soviética entrou em declínio e nunca mais encontrou seu caminho, entrando na década de 1930 sob o signo da mediocridade. A indústria de filmes soviéticos, que atingiu uma média superior a 110 longas por ano entre 1927 e 1930, não consegue chegar a uma média anual de cinquenta filmes entre 1932 e 1935.

Por causa da crise, Eisenstein sai do país para tentar dar continuidade à sua carreira, indo para os Estados Unidos e o México. Não se adapta em nenhum dos dois lugares. Retorna, então, à União Soviética, onde alterna alguns sucessos com fracassos e vários projetos inacabados. Morre de ataque cardíaco em 1948, poucos dias após completar 50 anos.

## A ALEMANHA RESISTE E FAZ UM DOS MELHORES CINEMAS DO MUNDO

Em 1917, antes do final da Primeira Guerra, os setores cinematográficos alemães se organizaram para a criação da Universum Film Aktien Gesellschaft (UFA), uma entidade associativa formada por produtores e financiada pelo governo. Os objetivos da UFA eram reduzir o impacto do conflito sobre a indústria do cinema alemão, tentar evitar ao máximo a perda de mercado para os Estados Unidos e valorizar o cinema nacional como linguagem e negócio. Estúdios de grande relevância se uniram para a criação da entidade, entre eles Nordisk, Messter, Viennese Sascha, Terra e Decla-Bioscop. Graças a esses esforços, a produção de filmes alemães durante o período da Primeira Guerra foi suficientemente forte para manter em plena atividade as mais de 2 mil salas de exibição do país. Em 1917 e 1918, exatamente os dois últimos anos do conflito mundial, a Alemanha bate os próprios recordes de produção de longas-metragens, com 117 e 211 filmes rodados, respectivamente. O invejável senso de organização dos alemães se mostra mais eficiente que a destruição ocasionada pela guerra.

Com a assinatura do armistício, em 11 de novembro de 1918, a Europa começa a viver um momento de paz, e o cinema germânico definitivamente se firma como um dos mais importantes do mundo, aumentando ainda mais a sua produção e inaugurando aquela que seria uma das mais ricas correntes cinematográficas da história: o expressionismo alemão. Com origens na literatura e nas artes plásticas, o expressionismo se manifestou nas telas com uma marcada estilização de cenografia, luzes e personagens. Deliberadamente artificiais, os cenários eram pintados de forma distorcida, sem que se respeitasse a perspectiva. As angulações de câmera enfatizavam o fantástico e o grotesco, o contraste entre luzes e sombras era dos mais fortes e as interpretações eram

A perspectiva distorcida do expressionismo alemão em *O Gabinete do Dr. Caligari*.

teatralmente exageradas. Entre os temas principais, loucura, aberrações, pesadelos, vampirismo, terror.

O expressionismo era a forma alemã de ver o mundo pós-guerra. Mesmo mantendo a produção cinematográfica em altos níveis durante os anos do conflito, a derrota foi dura, amarga e devastadora. Além da destruição física e moral, os alemães conheceram de perto os fantasmas da fome e da morte, e ainda tiveram de entregar às nações aliadas 5 mil locomotivas, 150 mil vagões ferroviários e 5 mil caminhões em bom estado como parte do pagamento da dívida de guerra. Boa parte de seu território, incluindo terras férteis e minas de carvão, foi dividida entre França, Bélgica, Dinamarca e Polônia. Quase a totalidade de seus navios mercantes foi entregue a Inglaterra, França e Bélgica, e, obviamente, todo e qualquer armamento bélico tornou-se proibido no país. Fixou-se o valor monetário da dívida que o país acabara de contrair com a chamada Liga das Nações: 33 bilhões de dólares – isso no final dos anos 1910. Fica mais do que claro que um país nessas circunstâncias não poderia produzir comédias ou romances.

A obra que inaugurou e que até hoje simboliza o expressionismo alemão no cinema é *O Gabinete do Dr. Caligari* (1920), dirigida por Robert Wiene. Uma verdadeira excursão a um universo louco e distorcido de formas e sombras, o filme narra a história de um hipnotizador e um sonâmbulo que chegam a um pequeno vilarejo e logo se tornam suspeitos dos assassinatos que passam a acontecer no lugar. Inquietante e perturbador, *O Gabinete do Dr. Caligari* mostra cenários grosseira e propositalmente pintados fora de perspectiva, móveis que não combinam com a anatomia humana, um forte jogo de luzes e sombras e uma franca discussão sobre sanidade e loucura, o que o levou a ser tornar uma obra obrigatória nos cursos de cinema e em todas as listas dos filmes mais importantes do século XX, ainda que Wiene nunca mais tenha dirigido nada de igual importância.

O expressionismo foi construído com o talento e o gênio criativo de alguns dos mais representativos cineastas do período, como Paul Wegener, Paul Leni, Fritz Lang e F. W. Murnau, juntamente com o escritor Carl Mayer, os *cameramen* Karl Freund e Fritz Wagner, além dos desenhistas de produção Hermann Warm, Walter Röhrig, Robert Herlth e Otto Hunte.

Paul Wegener, um dos mais conhecidos atores de teatro da época – tendo integrado o conceituado Deutsches Theater de Max Reinhardt –, ganhou destaque no cinema com *O Estudante de Praga*, de 1913. Na sequência, atuou nos três filmes da clássica série *Der Golem* (*O Golem*, de 1915, *O Golem e a Dançarina*, de 1917, e *O Golem, Como Ele Veio ao Mundo*, de 1920), também codirigindo-os. Seu xará, Paul Leni, também trabalhou com Max Reinhardt, mas como cenógrafo. Estreou no cinema como desenhista de produção, para mais tarde se tornar um diretor de sucesso e prestígio.

Leni dirigiu os elogiados *Escada de Serviço*, de 1921, e *O Gabinete das Figuras de Cera*, de 1924. Este último, um estudo sobre a tirania, foi um dos filmes mais festejados da época, e tinha Conrad Veidt como Ivan, o Terrível e Werner Krauss no papel de Jack, o Estripador. Em 1927, Leni foi contratado por Carl Laemmle para trabalhar na norte-americana Universal, para a qual dirigiu o aclamado *O Gato e o Canário*.

Os encantos da América também seduziram Murnau e Fritz Lang. O primeiro, assim como seus colegas expressionistas, também trabalhou no teatro de Max Reinhardt, como ator e assistente de direção. Tendo sido piloto de combate durante a Primeira Guerra, Friedrich Wilhelm Plumpe adotou o nome artístico F. W. Murnau e estreou no cinema em 1919, mas a maioria dos filmes que rodou até 1921 se perdeu. Sabe-se que sua obra era povoada de seres sombrios, contando, inclusive, com uma adaptação livre do romance *O Médico e o Monstro*. É de 1922 o seu filme mais famoso – *Nosferatu* –, o primeiro trabalho cinematográfico adaptado do livro *Drácula*, de Bram Stoker. Numa tentativa de burlar a lei dos direitos autorais, o nome Drácula foi trocado por Nosferatu; as ações que se desenvolviam em Londres, segundo o livro, foram transportadas para Bremen, na Alemanha, e os nomes dos personagens

*Vocês ainda não ouviram nada*

*Nosferatu*, o primeiro Drácula do cinema, é fustigado por raios de sol.

também foram substituídos. Mas a estratégia não funcionou: a história era a mesma, e os herdeiros de Stoker conseguiram ganho de causa na justiça, fazendo que o filme fosse remontado com os nomes corretos dos personagens nas legendas.

    Brigas judiciais à parte, *Nosferatu* tornou-se um dos grandes clássicos do gênero terror. São inesquecíveis as cenas do vampiro – horrível, careca, sem nenhum traço de sedução – em seu castelo, e principalmente a de sua sombra projetada na parede, quando está prestes a invadir o quarto da mocinha. O papel da iluminação dramática é fundamental na criação do clima de terror. Cultuado no mundo inteiro, *Nosferatu* foi homenageado em 1979, por meio do filme homônimo dirigido por Werner Herzog, e mais recentemente por Francis Ford Coppola, ao dirigir *Drácula de Bram Stoker* (1992), abrindo mão dos efeitos especiais computadorizados e utilizando em seu trabalho somente recursos visuais que também fossem viáveis nos anos 1920. A ideia de Coppola era fazer um filme de vampiro à moda antiga, reverenciando Murnau. Em *Batman – O Retorno* (1992), de Tim Burton, o nome do vilão vivido por Christopher Walken indica uma sutil homenagem a *Nosferatu*: Max Schreck, exatamente o mesmo nome do ator que viveu o vampiro no filme de Murnau.

Somente nove anos depois de *Nosferatu*, em 1931, o cinema americano se aproveitaria do filão aberto por Murnau, criando um Drácula menos assustador e mais sedutor.

Após o sucesso de sua principal obra, o diretor realizou outra obra-prima: *A Última Gargalhada*, de 1924, mais uma demonstração de pleno domínio da linguagem cinematográfica, com a utilização de movimentos de câmera extraordinários para a época.

E se o sucesso foi o passaporte de Paul Leni para entrar na Universal, o mesmo se pode dizer de Murnau, que em 1927 emigrou para os Estados Unidos, a convite da Fox. Seu primeiro filme americano – *Aurora* – confirmou o talento do cineasta, que não economizou em fusões, efeitos, cortes e movimentações criativas de câmera para contar, basicamente, uma simples história de amor, traição e morte. Apesar do final moralista imposto pelos padrões americanos, o filme foi um enorme sucesso, figurando até hoje como um grande clássico. Porém, o gosto de Murnau por roteiros e personagens satânicos (estão presentes em sua obra Fausto, o próprio Diabo, Drácula e outros) parece ter influenciado seu destino, já que sua vida teve um final trágico: em março de 1931, aos 42 anos, o cineasta faleceu após um acidente de automóvel, uma semana antes da estreia de *Tabu*, o seu quarto e último filme americano (depois de *Aurora*, ele realizou *Quatro Diabos*, de 1928, e *O Pão Nosso de Cada Dia*, de 1930).

Já o vienense Fritz Lang, diferentemente de seus colegas expressionistas, não iniciou sua carreira artística no teatro, mas sim nas áreas do desenho e da pintura. Aos 20 anos saiu de casa para estudar arte em Munique e Paris, fugindo do curso de arquitetura que seu pai lhe havia imposto. Perambulou pelo mundo inteiro – Rússia, China, Norte da África, Japão, Indonésia –, sustentando-se por meio de biscates e da venda de cartões-postais que ele mesmo desenhava e pintava. Em 1913, aos 23 anos, retornou a Paris, onde trabalhou como desenhista de moda e cartunista em jornais. Com a Primeira Guerra, tornou-se soldado do Exército austríaco. Foi ferido quatro vezes e dispensado – já como tenente – em 1916.

Nesse período, Lang começou a escrever pequenas histórias e roteiros que vendia para cineastas alemães. Foi contratado pela Decla, uma empresa cinematográfica alemã, onde passou a atuar como roteirista e, ocasionalmente, como ator, em pequenos papéis. Sua primeira oportunidade na direção surgiu em 1919 com o filme *Halbblut*, que ele próprio roteirizou. A trama tratava de um homem destruído pelo amor de uma mulher. No mesmo ano dirigiu *Der Herr der Liebe*, sem muita repercussão, e *Die Spinnen, 1*, este sim o seu primeiro sucesso comercial, sobre criminosos dispostos a dominar o mundo, um

*Vocês ainda não ouviram nada*

tema bastante apreciado na época. Entretanto, se por um lado o sucesso veio com *Die Spinnen, 1*, por outro o seu envolvimento com esse filme lhe tirou a oportunidade de dirigir o histórico *O Gabinete do Dr. Caligari*. Lang havia participado das reuniões preliminares sobre o roteiro e a pré-produção de *O Gabinete...*, sendo que o produtor Erich Pommer já havia lhe prometido a direção do projeto, mas na última hora Lang preferiu *Die Spinnen* e Robert Wiene assumiu seu posto.

A crítica passou a prestar mais atenção em Lang a partir de 1921, quando ele dirigiu *Der müde Tod*, uma alegoria em três episódios mostrando o confronto entre a morte e o amor de uma garota. *Der müde Tod* é conhecido nos Estados Unidos como *Between Two Worlds* ou *Beyond the Wall*. Na Inglaterra, foi lançado como *Destiny*, e, no Brasil, *Pode o Amor Mais que a Morte?* e *A Morte Cansada*, esta última uma tradução mais literal. Seu filme seguinte, de 1922, foi outro sucesso: *Dr. Mabuse, o Jogador*, novamente sobre criminosos tentando dominar o mundo, mas agora com mais apuro técnico (o tiroteio final com a polícia é um dos melhores momentos do cinema mudo) e uma preocupação maior em discutir os problemas sociais e políticos do mundo pós-Primeira Guerra. A versão exibida nos Estados Unidos é bem menor que o original alemão.

A lenda medieval de Siegfried, que já havia inspirado o compositor Richard Wagner, foi também o ponto de partida de Fritz Lang para seu próximo filme, *Os Nibelungos*, exibido em duas partes: *A Morte de Siegfried* e *A Vingança de Kriemhild*. Porém, o seu maior clássico ainda estava por ser realizado.

Em outubro de 1926, o cineasta viaja aos Estados Unidos para observar os métodos de produção do cinema americano. Lá, toma contato com as dimensões metropolitanas e o grande índice de automação – para a época – da cidade de Nova York, fonte principal de inspiração para seu próximo filme: *Metrópolis*, de 1927. Com dinheiro fornecido pela UFA, Lang realizou aquele que seria, até então, o mais caro filme rodado na Alemanha. A visão futurista do homem dominado pelo seu trabalho e pelo sistema capitalista até hoje impressiona. São imagens fortes, envolvendo grandes contingentes de trabalhadores tratados como gado, sem individualidade, e regidos por horários rigorosos e patrões intolerantes. O desenho de produção é um capítulo à parte, com gigantescos edifícios, pontes, viadutos e construções dispostos de forma caótica, criando um ambiente claustrofóbico. A cena do trabalhador que manipula os ponteiros de um grande relógio – ou sendo manipulado por eles – foi claramente copiada por Chaplin, nove anos depois, em *Tempos Modernos*. A atualidade do tema é tanta que *Metrópolis* foi relançado em 1984, ainda causando sensação, numa versão reduzida de oitenta minutos (em vez dos 153 originais), colorizada e musicada por Giorgio Moroder.

O impressionante cenário futurista de *Metrópolis*.

Lang retornou ao gênero policial no ano seguinte, com *Os Espiões*, produzido por sua própria empresa, e experimentou a ficção científica com *A Mulher na Lua* (1929), recusando-se a inserir no filme efeitos sonoros, embora a tecnologia já estivesse disponível. Passada a teimosia, fez do seu primeiro filme sonoro, *M – O Vampiro de Dusseldorf* (1931), mais um clássico. No início dos anos 1930, com a ascensão do nazismo, foi convidado pelo próprio Joseph Goebbels, ministro da propaganda de Hitler, para comandar todo o cinema oficial alemão. Tendo raízes judaicas, Lang fugiu assim que pôde para Paris, indo mais tarde para os Estados Unidos, onde construiu uma brilhante carreira que durou até 1960.

Mas não só do expressionismo viveu o cinema alemão dos anos 1910 e 1920. Vale ressaltar que cineastas de diversos estilos beberam da fonte da inspiração teatral de Reinhardt, realizando numerosos e significativos trabalhos. Max Reinhardt (que na verdade era pseudônimo artístico de Maximilian Goldmann) foi um dos mais importantes produtores de teatro do período, sendo que quase a totalidade dos atores e atrizes que mais tarde fizeram sucesso nas telas passaram por suas mãos. Entre eles, Conrad Veidt, Emil Jannings e Marlene Dietrich.

Entre os diretores influenciados por Reinhardt encontram-se o russo Dimitri Buchowetzki (que realizou na Alemanha *Danton* e *Otelo*, respectivamente em 1921 e 1922), Richard Oswald (diretor de *Lucrécia Bórgia*, de 1922), o romeno Lupu Pick (que filmava com pouquíssimos personagens, quase sempre numa única unidade de tempo e espaço, em estilo teatral), Ludwig Berger (no palco, um especialista em musicais; na tela, diretor da versão de 1923 de *Cinderela*, entre outros trabalhos) e, principalmente, Ernst Lubitsch. Este último deu sua contribuição ao cinema alemão por meio da realização de filmes de época e comédias de costumes de humor ágil e refinado, como *Carmen* (1918), *Madame DuBarry* (1919), *Ana Bolena*, *Romeu e Julieta na Neve* (ambos de 1920), *Amores de Faraó* (1922) e dezenas de outros. Em 1923, ele se transferiu para o cinema americano, fazendo grande sucesso até 1947, ano de sua morte.

Juntando-se ao expressionismo e aos filmes marcantemente influenciados pela escola teatral de Reinhardt, dois outros gêneros foram muito populares na Alemanha daquela época: os chamados "filmes de rua" e os "filmes de montanha". Os primeiros eram basicamente melodramas com pretensões psicológicas, em que as ruas da cidade apresentavam armadilhas traiçoeiras – e em geral trágicas – para os imprudentes. Um exemplo clássico desse estilo é um filme dirigido por Karl Grune em 1923, *A Rua*, que mostra a história de um homem que procura a sedução da vida das ruas para fugir daquilo que considera um inferno matrimonial, mas acaba encontrando somente desilusões. G. W. Pabst e Bruno Rahn seguiram pelo mesmo caminho, realizando filmes semelhantes: *A Rua das Lágrimas*, do primeiro, e *Dirnentragödie*, do segundo, produzidos respectivamente em 1925 e 1927.

Já os "filmes de montanha" eram ecologicamente corretos antes mesmo de a expressão ter sido inventada. Valorizavam a natureza e festejavam o triunfo do corpo e do espírito humano em harmonia com o meio ambiente. Os maiores representantes dessa corrente foram o geólogo e documentarista Arnold Fanck (diretor de *Das Wunder des Schneeschuhs*, de 1920), a atriz dos filmes de Fanck, e também bailarina e pintora, Leni Riefenstahl (que a partir de 1932 começou a dirigir, escrever, produzir e montar filmes, com sucesso, transformando-se mais tarde em figura significativa do cinema nazista) e o guia turístico e professor de esqui Luis Trenker, que também começou sua carreira como ator trabalhando para Arnold Fanck, e mais tarde tornou-se diretor.

Terminada a Primeira Guerra, as ações da UFA que estavam em poder do governo alemão foram compradas pelo Deutsche Bank, mas mesmo assim a entidade continuou com o status e prestígio de uma organização estatal, conquistando mercados internacionais – inclusive o Brasil – e fortalecendo a indústria cinematográfica alemã. Contudo, os chamados anos de ouro do cinema da Alemanha jamais seriam reeditados. A feroz concorrência do mercado norte-americano, a ascensão do nazismo e a consequente emigração de talentos germânicos para França, Inglaterra e principalmente Estados Unidos minaram em definitivo as bases do cinema alemão. Após a exuberância do período compreendido entre 1920 e 1927, quando o país produziu em média mais de 360 longas-metragens por ano (com o número recorde de 646 títulos em 1921), a produção cinematográfica daquele país nunca mais volta a ser a mesma: 1928 foi o último ano em que o cinema alemão registrou um número de longas produzidos por ano superior a duzentos. Pelo menos até hoje.

## O CINEMA NASCEU NA FRANÇA – A SÉTIMA ARTE TAMBÉM

Se por um lado o final da Primeira Guerra mina as bases econômicas do cinema francês, por outro reacende uma antiga vocação dos filmes daquele país: a arte. Não é à toa que até hoje faz parte do inconsciente coletivo a associação entre as expressões "filme francês" e "filme de arte". Não apenas pela rápida experiência da Film d'Art, fundada em 1908, como também pelo movimento que se seguiu após a guerra. Naquele período, nomes como Ricciotto Canudo, Louis Delluc, Germaine Dulac e Jean Epstein foram decisivos para a fixação desse conceito.

Em 1920, o crítico e estudioso Ricciotto Canudo, italiano radicado na França, funda o Clube dos Amigos da Sétima Arte. Canudo era uma das mais conhecidas personalidades do mundo cultural europeu, e foi ele próprio o criador da expressão "sétima arte" para designar o cinema. Louis Delluc também era crítico de cinema, além de roteirista, romancista e diretor. Foi precursor do movimento cineclubista francês, tendo fundado vários cineclubes em todo o país. Germaine Dulac, cujo nome original era Charlotte Elisabeth Germaine Saisset-Schneider, era líder feminista, jornalista, crítica de cinema e editora da publicação *La Française*, que pregava o voto feminino. Com o marido, Marie-Louis Albert-Dulac, fundou a Delia Film, produzindo e dirigindo filmes com pequeno orçamento mas grande preocupação artística. E Jean Epstein, nascido em Varsóvia e radicado na França, foi estudioso e teórico da chamada sétima arte, tendo publicado o livro *Bonjour, Cinéma* em 1921, um ano antes de passar a dirigir seus próprios filmes.

Entre outros críticos, escritores, jornalistas, poetas e intelectuais, esses nomes tiveram grande responsabilidade no direcionamento do cinema francês pós-Primeira Guerra. Um cinema que preferiu trafegar na contramão do

*Vocês ainda não ouviram nada*

mercantilismo norte-americano, em busca de seu próprio caminho artístico e estético. A fase muda da cinematografia francesa presenciou o nascimento de talentos hoje consagrados como René Clair, Luis Buñuel e Abel Gance, para citar apenas três exemplos.

René-Lucien Chomette, mais conhecido como René Clair, escrevia poemas quando estudante, mas abandonou a veia romântica durante a Primeira Guerra, na qual foi motorista de ambulância. Ferido na coluna e estressado física e psicologicamente, foi dispensado do Exército e isolou-se num mosteiro. Com o término do conflito, trabalhou como jornalista e começou a fazer cinema em 1920, como ator. Apaixonou-se rapidamente pelos filmes e foi estudar cinema em Bruxelas.

Seus primeiros filmes como roteirista e diretor – *Entreato, Paris Adormecida* e *O Fantasma do Moulin Rouge*, rodados entre 1924 e 1925 – já assinalavam seu estilo alegre, cômico, mas ao mesmo tempo satírico e formalmente bastante criativo. Inovador no que dizia respeito à forma, Clair sempre foi um estilista, raramente filmando em locações, para que tudo pudesse ser controlado dentro do estúdio. Antes de se transferir para a Inglaterra, rodou vários longas na França, entre eles *Le Voyage Imaginaire* (1925), *La Proie du Vent* (1927), *História de um Chapéu de Palha* (1928), *Les Deux Timides* (1928), *Sob os Tetos de Paris* (1930) e uma de suas obras-primas mais cultuadas, *A Nós a Liberdade* (1931), filme que teria inspirado Chaplin durante a criação do seu *Tempos Modernos*.

Seu conterrâneo e contemporâneo Abel Gance também foi um dos grandes responsáveis pelo caráter artístico que o cinema francês assumiu naquela época. Abandonando um início de carreira como aprendiz de advogado, Gance se deixou fascinar pelo teatro, estreando como ator aos 19 anos. Dos palcos passou para as telas, sempre interpretando e eventualmente escrevendo alguns roteiros. Montou uma pequena empresa cinematográfica com alguns amigos e rodou, em 1911, seu primeiro filme como diretor, *La Digue*. Tinha, então, 22 anos. Visionário, chegou a escrever o roteiro de *Victoire de Samothrace*, filme que teria cinco horas de duração. Sarah Bernhardt havia concordado em participar como atriz, mas a guerra interrompeu seus planos. Trabalhou para a Film d'Art, não serviu no Exército por problemas de saúde (debilitada pela tuberculose) e estava sempre em busca de novos enquadramentos, de expressivos *closes* e de novas técnicas de montagem, ainda que muitas vezes seus filmes se tornassem difíceis para as grandes plateias em função desses preciosismos. Com o sucesso de crítica e público de *Mater Dolorosa* (1917) e *A Décima Sinfonia* (1918), Gance passou a exibir seu nome, como diretor, antes mesmo dos créditos dos atores principais, o que era, na época, uma novidade e um sinal de narcisismo. Essa característica passou a ser um marca registrada de seus filmes no período mudo.

Quando a guerra já estava próxima do seu final, uma surpresa: Gance foi convocado, e lutou pela França durante alguns meses de 1918. Foi na frente de batalha que teve a ideia de rodar um ambicioso filme pacifista que denunciaria a futilidade de todas as guerras. Então surge *J'Accuse!* (1919), uma superprodução de três horas de duração, contendo cenas grandiosas de soldados de verdade lutando em meio a balas reais. Gance já havia conseguido a dispensa do serviço militar, mas fez questão de retornar ao *front* para filmar as cenas da forma mais realística possível. O filme foi lançado logo após o término da guerra, com enorme sucesso em toda a Europa.

Após um período emocionalmente conturbado, em que a epidemia de gripe espanhola provocou a morte de sua segunda esposa e um de seus melhores amigos, Gance viajou para os Estados Unidos, visando colocar as ideias em ordem e promover o lançamento comercial de *J'Accuse!* na América. Lá permaneceu por cinco meses, conheceu Hollywood – e detestou – e recusou uma oferta milionária para trabalhar na Metro. De volta à França, concluiu *A Roda* (1923), filme que havia deixado inacabado e que também se revelou uma obra-prima. O intelectual e cineasta Jean Cocteau, chegou a afirmar, na época, que a história do cinema se dividia em antes e depois de *A Roda*.

O principal filme da carreira de Abel Gance, contudo, ainda estava por ser feito: *Napoleão*, de 1927. Reunindo todas as técnicas que o cinema conhecia até o momento – e outras ainda inéditas –, *Napoleão* foi um delírio visual. Gance colocou câmeras em cabos suspensos e sobre cavalos, amarrou seus operadores em carrinhos e gruas e chegou até mesmo a rodar algumas cenas em três dimensões e em cores, optando por eliminar esses planos na montagem final. Não abriu mão, porém, de realizar uma revolucionária experiência: três câmeras sincronizadas filmaram determinadas cenas, para que depois fossem exibidas em três telas colocadas lado a lado. Batizada de Polyvision, essa técnica seria a precursora de um sistema que surgiu trinta anos depois, com o nome de cinerama. Com mais de cinco horas de duração, *Napoleão* estreou no Opéra de Paris, onde foi aplaudido de pé. Os direitos de exibição nos Estados Unidos foram comprados pela Metro, que mutilou várias cenas e o apresentou sem o sistema das três telas, transformando em fracasso, na América, aquele que foi um dos maiores sucessos do cinema mudo no resto do mundo. Nos anos 1980, Francis Ford Coppola restaurou a beleza original do filme e adicionou-lhe uma trilha sonora composta por seu pai, Carmine, saldando assim uma dívida artística de mais de meio século que os Estados Unidos tinham com Abel Gance.

Cena da superprodução *Napoleão*, de Abel Gance.

O cineasta continuou a fazer filmes até o início dos anos 1970, vindo a falecer em 1981, mas sua grande obra-prima jamais deixou de ser *Napoleão*, um show sem palavras que muito contribuiu para que o cinema fosse elevado ao status de arte.

Outro grande artista – Luis Buñuel – saiu de seu país natal, a Espanha, para engrossar o movimento artístico do cinema francês. Amigo pessoal de Salvador Dalí e García Lorca, Buñuel foi o fundador de um dos primeiros cineclubes europeus, em 1920, ainda na Espanha. Cinco anos depois, mudou-se para a França, matriculando-se na Académie du Cinéma de Paris. Foi assistente de direção de Jean Epstein e escreveu, com o amigo Dalí, o roteiro de *Um Cão Andaluz* (1929), seu filme de estreia como diretor e até hoje um de seus mais famosos trabalhos. A ideia era transpor, para as telas, os mesmos conceitos surrealistas que a dupla já havia esboçado em teorias, desenhos e pinturas. *Um Cão Andaluz* mostra uma série de imagens chocantes, aparentemente sem conexão umas com as outras. Entre elas, uma mão sendo comida por formigas, um olho humano sendo cortado por uma navalha, e assim por diante. Os intelectuais da época, identificados com o nascente movimento surrealista, adoraram. O trabalho de Buñuel ainda se estenderia por várias décadas, gerando grandes clássicos (*O Anjo Exterminador*, de 1962; *A Bela da Tarde*, de 1967; *O Discreto Charme da Burguesia*, de 1972), mas sem dúvida as raízes de sua obra estão profundamente fincadas no cinema mudo.

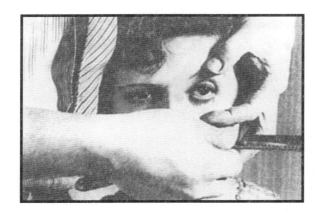

O cinema surrealista de Buñuel em *Um Cão Andaluz*.

Comercialmente, o cinema francês daquele período não chegou a ameaçar o predomínio mercantil norte-americano, mas em termos artísticos as contribuições foram grandes. Como a história é cíclica, trinta anos depois o cinema da França viveria novamente um apogeu criativo, outra vez sob o comando de artistas, jornalistas, críticos e intelectuais. Mas a *nouvelle vague* já faz parte de outra história, a ser contada em outro livro.

## O GÊNIO INGLÊS

Incapaz de conter o avanço dos concorrentes franceses e norte-americanos, o cinema inglês se viu envolvido em sucessivas crises de mercado. Nos anos que se sucederam à Primeira Guerra, a produção do Reino Unido correspondia a apenas 10-15% dos títulos rodados, por exemplo, pelos Estados Unidos. Mesmo mantendo uma respeitável média de oitenta longas produzidos por ano, no período compreendido entre os anos de 1920 e 1927 o cinema inglês não oferecia atrativos suficientes para conquistar o público. Em 1926, apenas 5% dos filmes exibidos em todo o Reino Unido eram efetivamente produções britânicas.

Um exemplo de um sucesso inglês com boas bilheterias no mercado norte-americano, o que era raro, foi *Woman to Woman*, de 1923, dirigido por Graham Cutts. Mas é preciso destacar o fato de que sua atriz principal é a americana Betty Compson. O filme teve roteiro do próprio Cutts, e marcou a estreia do produtor Michael Balcon, que a partir daí deslancharia uma bem-sucedida carreira de quarenta anos. Cutts foi auxiliado, tanto em relação ao roteiro como à direção, por um jovem roliço, com pouco mais de 20 anos, que até então nunca tinha dirigido um filme: Alfred Hitchcock.

*Vocês ainda não ouviram nada*

O jovem Hitchcock.

Educado por rígidos pais católicos e um não menos rígido colégio jesuíta, Hitchcock estudou engenharia naval e tornou-se técnico em eletricidade antes de conseguir um emprego no departamento de publicidade de uma companhia telegráfica. Fazendo desenhos e ajudando na produção de leiautes, ele entrou para o cinema pela porta do estúdio de arte, passando a desenhar títulos e legendas no escritório inglês da Famous Players-Lasky (mais tarde, Paramount). Como o serviço de escrever as legendas colocou Hitchcock em constante contato com os roteiristas, ele rapidamente foi se interessando por criar histórias. Eventualmente, chegava a dirigir algumas cenas sem atores. Em 1922, o produtor Michael Balcon assumiu o controle do escritório da Famous Players-Lasky, e promoveu Hitchcock a assistente de direção. Três anos depois, ele estreia na direção com *The Pleasure Garden*, uma coprodução anglo-alemã. Algumas biografias consideram *Number Thirteen* (1922) e *Always Tell Your Wife* (1923) seus filmes iniciais no cargo, mas o primeiro jamais foi concluído e o segundo só teve as cenas finais dirigidas por Hitchcock.

Seu estilo e seu talento já começam a despontar entre 1926 e 1927, quando dirige e roteiriza *O Pensionista* (na Inglaterra, *The Lodger*; nos Estados Unidos, *The Case of Jonathan Drew*), um suspense sobre uma mulher que desconfia que seu mais novo inquilino seja Jack, o Estripador. O filme traz ótimas soluções visuais, mostra a inventividade que mais tarde seria típica do diretor e já conta com um de seus personagens favoritos: o homem acusado de um crime que não cometeu. Também nesse filme, Hitchcock aparece fazendo uma ponta como figurante, característica que se tornaria uma de suas mais famosas marcas registradas.

Em 1927, mais um trabalho recebe elogios: *The Ring*, sobre um triângulo amoroso que tem como pontos-chave um anel (*ring*) e um boxeador (outra referência à palavra *ring*). O diretor ainda lançaria mais cinco filmes mudos (*Downhill, A Mulher do Fazendeiro, Easy Virtue, Champagne* e *O Ilhéu*) antes de se aventurar no cinema sonoro.

Mas um Hitchcock só não faz verão, e o cinema britânico continuava perdendo mercado. Leis protecionistas tentaram resolver os problemas mercadológicos a partir de 1927. Naquele ano, foi determinada a exibição de uma cota mínima de filmes britânicos nos cinemas do Reino Unido. E ficou proibida a prática comercial conhecida como *block booking*, a qual permitia que os estúdios americanos só vendessem seus filmes em "pacotes", contendo, evidentemente, alguns filmes bons e muitos ruins. Como sempre, a intervenção legal não conseguiu solucionar os problemas de mercado, pois se por um lado era possível fazer que os produtores ingleses rodassem um número maior de filmes, por outro não havia como garantir que esse crescimento numérico fosse também qualitativo. Salvo honrosas exceções dirigidas por Anthony Asquith, E. A. Dupont ou pelo próprio Hitchcock, o cinema inglês do período é artisticamente pouco expressivo. A situação piorou com a chegada do som, sendo que a Inglaterra encontrou os mesmos problemas que os demais países, exceto os Estados Unidos: sistemas incompatíveis entre si e de qualidade inferior; perda de mercado para o produto americano.

Curiosamente, até no cinema falado Hitchcock foi um pioneiro. O primeiro longa-metragem da era sonora produzido na Inglaterra foi *Chantagem e Confissão*, de 1929, escrito e dirigido por ele. Iniciado como mudo e finalizado como falado, o filme trazia em seus cartazes promocionais uma provocação envolvendo a maneira americana de falar o idioma inglês. A frase publicitária em destaque dizia: "*See and hear it – our mother tongue as it should be spoken*" ("Veja e ouça – nossa língua materna como deveria ser falada").

# BRASIL – FILMES, COXINHAS E JOGO DO BICHO

Assim como aconteceu no mundo inteiro, no Brasil a projeção dos primeiros filmes também funcionava como uma mera extensão dos espetáculos de variedades. Várias salas e galpões exibiam aqui e ali os famosos filmetes vindos da Europa e dos Estados Unidos, mas o primeiro local a projetá-los de maneira regular foi o Salão de Novidades de Paris, inaugurado em 31 de julho de 1897, na Rua do Ouvidor, Rio de Janeiro. Seu proprietário, Paschoal Segreto, misturava com Edison e Lumière brinquedos elétricos e qualquer excentricidade tecnológica que pudesse justificar o nome "Novidades".

Paschoal era italiano. Junto com o irmão Gaetano, desembarcou no porto do Rio de Janeiro e começou a montar na cidade uma rede de quiosques cujas atividades envolviam a venda de comida, salgadinhos, bebidas e o jogo do bicho. Enquanto Gaetano tornou-se um jornalista de sucesso, Paschoal investiu no entretenimento popular, comandando teatros, parques de diversões, companhias teatrais, ringues e – claro – locais que exibiam filmes. Em junho de 1898, teve a honra de receber em seu Salão de Novidades o presidente da República, Prudente de Moraes, e sua comitiva, fato que dá uma medida de sua importância como empresário do setor de entretenimento.

No mesmo ano, antes da visita do presidente, Paschoal enviou para a Europa seu outro irmão, Afonso, para que comprasse novos filmes e alguns equipamentos para filmagem. Afonso retorna ao Brasil em 19 de junho de 1898 e, ainda a bordo do navio, faz algumas tomadas da entrada da cidade.

*Limite*, de Mário Peixoto, marco do cinema brasileiro

Com essa pequena filmagem turística, totalmente descompromissada, Afonso Segreto entra para a história como o realizador do primeiro filme brasileiro, que se convencionou chamar de *Vistas da Baía de Guanabara*.

No livro *Historiografia Clássica do Cinema Brasileiro*, o cineasta e pesquisador Jean-Claude Bernardet faz uma série de considerações pertinentes e bem-humoradas a respeito desse fato histórico. Disse, por exemplo, que o filme nunca foi exibido e que tampouco foi o primeiro realizado em terras brasileiras, pois Afonso se encontrava à bordo do navio Brésil, que era francês. Bernardet chega até mesmo a questionar a existência do filme, hoje totalmente perdido.

De qualquer maneira, Afonso entrou para a história, e, ao lado de Paschoal, começou a registrar em filme os mais importantes acontecimentos sociais e políticos da época, quase sempre ligados ao poder e às autoridades. Mais ou menos até 1905, os Segreto se mantêm como, praticamente, os únicos produtores cinematográficos do Brasil.

A partir de 1907, entra em funcionamento a primeira unidade provisória da Usina de Ribeirão das Lajes, o que proporciona à cidade do Rio de Janeiro um fornecimento de energia elétrica mais confiável. Até então, não eram poucas as exibições interrompidas por queda de tensão ou falta de eletricidade. A usina impulsiona o cinema carioca, que testemunha, naquele mesmo ano, o estabelecimento de mais de vinte salas de exibição – somente na região da Avenida Central –, levando pequenos empresários a abandonarem suas atividades regulares para se dedicarem à nova sensação.

Enquanto isso, em São Paulo, a enorme leva de imigrantes que se estabelece na cidade também contribui para a preparação de um terreno fértil para o cinema. Para se ter uma ideia, em 1893 a capital paulista somava pouco mais de 130 mil habitantes, sendo 55% estrangeiros. E entre esses estrangeiros, mais de 60% eram italianos.

Foi também Paschoal Segreto o responsável pela primeira filmagem realizada em São Paulo de que se tem notícia. Em 20 de setembro de 1899, Gaetano Segreto, então presidente de uma entidade carioca ligada à colônia italiana, reúne diversos imigrantes e promove na capital paulista uma grande festa para comemorar a unificação da Itália. E chama o irmão Paschoal para registrar o fato em filme. Afonso não foi. Meses antes ele retornara ao seu país de origem, segundo alguns para evitar complicações com a Máfia. Segundo outros, para não prejudicar os negócios do irmão capitalista, já que Afonso era abertamente ligado aos anarquistas.

## POPULAR POR NATUREZA, O CINEMA SE ESPALHA PELO PAÍS

Na virada do século, nem americanos nem franceses prestavam muita atenção no mercado brasileiro – ainda –, e Paschoal Segreto era o único empresário a exibir filmes de forma constante e regular. Montou estúdio de filmagem, um laboratório de revelação e copiagem, assumindo a liderança do setor. Na época, filmam-se fazendeiros, festas, inaugurações, exposições, políticos. A Pathé Frères abre representação no Rio por intermédio da Marc Ferrez & Filhos, e, em São Paulo, do agente Alberto Botelho. A Casa Edison, representante do famoso inventor norte-americano, também se instala no Rio e em São Paulo. Curiosamente, aparatos eletromecânicos denominados Synchrophone Pathé, Cinephone e Chronophone Gaumont são utilizados na tentativa de exibir filmes falados, sem muito sucesso. Com a facilidade de operação das câmeras e projetores e do trabalho nos laboratórios, surgem em todo o país registros de exibições de filmes, ou "vistas", como se dizia na época.

De norte a sul do Brasil, confirma-se a tendência mundial de o exibidor se transformar, muito rapidamente, em produtor. Em Belém, o espanhol Ramón de Baños funda a Pará Filmes, em 1909, produzindo regularmente documentários e cinejornais. O alemão Eduardo Hirtz – também dono de cinema – roda uma série de documentários no Rio Grande do Sul, entre 1907 e 1915. É dele a obra *Ranchinho do Sertão*, de 1913, tida como o primeiro filme de ficção rodado em terras gaúchas. Annibal Rocha Requião registra em filme a parada de 15 de novembro de 1907, no Paraná. Diomedes Gramacho e José Dias da Costa, a partir de 1910, apontam suas câmeras para os festejos populares da Bahia. Durante os anos 1910, o português Sílvio Silvino faz um amplo registro cinematográfico da Amazônia, com o conhecimento de quem chegou a estagiar nos estúdios franceses dos Lumière e da Pathé. Francisco de Almeida Fleming concentra suas filmagens nas cidades mineiras de Ouro Fino e Pouso Alegre, enquanto Edson Chagas e Gentil Roiz comandam um verdadeiro movimento cinematográfico em Recife, por meio da Aurora Filme.

Ao contrário do que se poderia supor, é bastante intensa a produção cinematográfica brasileira na época do cinema mudo. Em todo o país, filma-se de tudo: cinejornais, reconstituições de casos policiais e episódios históricos (Descobrimento do Brasil, o Grito do Ipiranga, a trajetória de Tiradentes, a Guerra do Paraguai), adaptações de obras literárias (incluindo *Inocência* e *O Guarani*), os mais diversos documentários, intervenções cirúrgicas, concursos de beleza, publicidade política, institucional e empresarial, ficção, dramas, romances. De tudo se filmava e de tudo se mostrava nas rudimentares salas de exibição, nas feiras ou teatros de variedades.

Os documentários ou qualquer tipo de filme que fosse rodado sem encenações eram chamados de "naturais". Já os filmes encenados ou de fundo publicitário eram conhecidos como "posados". Havia também os "cavados", ou seja, aqueles que o cinegrafista rodava e depois tentava vender a quem pudesse se interessar.

Foram milhares – isso mesmo, milhares – de curtas, médias e longas-metragens que a tradicional falta de memória nacional fez desaparecer, mas que mereceram um cuidadoso estudo no livro *História do Cinema Brasileiro*, organizado por Fernão Ramos.

Como fazer e exibir filmes não era uma prerrogativa exclusiva do Rio de Janeiro ou de São Paulo, surgem no país vários movimentos regionais de cinema, sendo o mais significativo deles o de Cataguases, em Minas Gerais.

Cataguases não sediou nem ao menos uma exibição de filmes até 1908, por um motivo muito simples: não havia eletricidade no lugar até então. Dois anos depois, chega à cidade o fotógrafo, estudioso, curioso e técnico de rádio Humberto Mauro, nascido lá perto, em Volta Grande. Entusiasmado pela modernidade da época, ele logo se apaixona pelo cinema. Faz amizade com Pedro Comello – um italiano cinquentão cujas ocupações variavam de desenhista de tecidos a afinador de pianos – e logo começa a produzir filmes em parceria com o novo amigo. Juntos, realizam em 1925 um curta policial chamado *Valadão, o Cratera* e fundam a Phebo Sul America Film, com o apoio de alguns empresários locais.

*Vocês ainda não ouviram nada*

Cena de *Brasa Dormida*, de Humberto Mauro.

*Na Primavera da Vida*, dirigido e roteirizado por Humberto Mauro em 1926, marca a estreia da Phebo. A atriz principal era Eva Nil, filha de Comello, que mais tarde se tornaria uma das primeiras estrelas do cinema brasileiro. Sucesso em Cataguases, fracasso no Rio de Janeiro e em Belo Horizonte, *Na Primavera da Vida* conseguiu, pelo menos, pagar seus custos. Em seguida, Mauro dirigiu *Tesouro Perdido*, *Brasa Dormida* e *Sangue Mineiro*, respectivamente em 1927, 1928 e 1930. Muito elogiados pela crítica – embora nem sempre lançados comercialmente –, esses filmes encerram o que se convencionou chamar de Ciclo de Cataguases, pois na sequência o cineasta partiu para a Cinédia, no Rio de Janeiro, dando prosseguimento a uma longa e vitoriosa carreira.

Pela criativa utilização da linguagem cinematográfica e também por seu apuro técnico, *Brasa Dormida* é considerado um dos três mais importantes longas-metragens do cinema mudo brasileiro. Os outros dois são *Barro Humano* (1929), de Adhemar Gonzaga, e *Limite* (1931), de Mário Peixoto. De *Barro Humano*, infelizmente, nada resta. Seu diretor foi jornalista, crítico, um dos donos da revista *Cinearte* e grande incentivador do cinema brasileiro nos anos 1920 e 1930. Falecido em 1978, Gonzaga foi também o fundador da Cinédia, importante estúdio carioca por meio do qual produziu mais de quarenta longas-metragens.

Já *Limite* foi recuperado pela extinta Embrafilme, e pode inclusive ser visto em vídeo. Poético, intimista, repleto de fusões, cortes e ângulos dos mais

*Anchieta entre o Amor e a Religião*, produção paulista da década de 1930.

criativos, o filme é o único da carreira de Mário Peixoto, que o dirigiu com apenas 21 anos. Ele faleceu em 1992. Merece destaque também *Anchieta entre o Amor e a Religião*, de 1932, dirigido por Arturo Carrari.

Voltando aos primórdios, para efeito histórico o primeiro longa-metragem produzido no Brasil foi *O Crime dos Banhados*, rodado entre 1913 e 1914 em Pelotas, Rio Grande do Sul. Seu diretor, produtor e cinegrafista foi o português Francisco Santos (que também fez parte do elenco), um ex-ator e empresário, proprietário de uma sala de cinema. O roteiro foi feito por Carlos Cavaco. Aliando sua sala a um pequeno laboratório e um estúdio de filmagem, Santos funda a Guarani Filmes, que se especializa no registro de ocorrências policiais. Era tudo muito simples e imediato, filmando-se num dia e exibindo-se o resultado no outro, como uma reportagem de telejornal. Em dois anos, a Guarani realiza quase uma centena desses registros.

O ambicioso projeto de *O Crime dos Banhados*, que previa mais de duas horas de duração, foi desenvolvido nos intervalos entre os filmetes policiais, graças à colaboração de profissionais da Companhia Dramática Francisco Santos. Baseado em fatos reais, o roteiro abordava a questão das lutas políticas da região, que culminaram no massacre de uma família inteira. O histórico longa foi exibido com grande sucesso, mas a Guarani foi obrigada a interromper suas atividades logo em seguida, pois a Primeira Guerra Mundial causou a escassez de películas virgens no Brasil.

*Vocês ainda não ouviram nada*

O elegante Cine Alcântara, famoso na década de 1920, ficava no centro de São Paulo, na rua Direita.

## TERRA ESTRANGEIRA

Mais importante que relacionar filmes e cineastas do período mudo brasileiro é ressaltar que a produção cinematográfica do país naquela época era ampla, bastante diversificada (praticamente todos os estados realizavam filmes) e tinha boa receptividade do público. Foram mais de cem os longas-metragens rodados no Brasil entre 1913 e 1928, fora os incontáveis curtas e cinejornais.

Certamente, um mercado potencialmente grande jamais seria ignorado pela crescente e próspera indústria norte-americana de cinema. E não tardou para que as fracas e instáveis bases empresariais, culturais e econômicas sobre as quais se apoiava a produção cinematográfica brasileira fossem minadas pelo capital estrangeiro. O processo de internacionalização do cinema no Brasil se iniciou oficialmente em 29 de junho de 1911, com a fundação da Companhia Cinematográfica Brasileira. Apesar do nome, tratava-se de uma associação entre industriais e banqueiros ligados aos interesses estrangeiros, com a gerência do empresário Francisco Serrador. A intenção era clara: montar uma sólida rede de salas de exibição nas quais o produto importado teria prioridade sobre o brasileiro. Com grande poder econômico e organização profissional, a nova empresa intimidou as frágeis concorrentes, que aos poucos abandonaram o mercado.

Fortalecidos pelo final da Primeira Guerra, os Estados Unidos intensificam cada vez mais suas estratégias de dominação mercadológica, cultural e financeira sobre os demais países, entre eles o Brasil. Em 1921, 71% dos filmes exibidos no Brasil são norte-americanos. Em 1925 e 1929, essa porcentagem sobe para 80 e 86%, respectivamente.

Paralelamente, vários setores da intelectualidade nacional não economizam palavras ao espezinhar o filme brasileiro na mídia, valorizando o produto estrangeiro. Revistas especializadas, mantidas pela publicidade encomendada por anunciantes multinacionais, não agem de forma diferente. Fica cada vez mais difícil, para o cinema brasileiro, concorrer com o norte-americano, tanto em relação à técnica como à conquista do público, que se torna mais exigente. O Brasil, que rodou uma média de doze longas anuais no período compreendido entre 1925 e 1930, viu esse número cair para menos de quatro por ano na década seguinte.

A gente já viu esse filme. E continua vendo.

# NINGUÉM AINDA TINHA OUVIDO NADA

Recorrendo ao túnel do tempo do cinema, encontraremos em 1857 as raízes mais remotas da revolução que alterou os rumos da história dos filmes e da indústria cinematográfica. Naquele ano, na pequena vila polonesa de Krasnashiltz, nascia Benjamin Warner, que anos mais tarde se tornaria sapateiro e se casaria com Pearl. O casal vivia modestamente com seus dois filhos, Harry e Anna, enfrentando o confinamento em guetos imposto pela polícia russa, que naquela época subjugava a Polônia. Cansado dessa dominação, Benjamin, ainda com vinte e poucos anos, deixou mulher e filhos para trás e foi tentar a sorte nos Estados Unidos, que tantas promessas ofereciam aos imigrantes. Logo ele percebeu que o tal Novo Mundo não cumpriria suas promessas, e que era necessário muito trabalho, muito mesmo, para prosperar. Em Baltimore, Benjamin abriu uma pequena sapataria onde implantou um sistema que fez sucesso: consertar os sapatos enquanto o freguês espera. Assim, conseguia faturar de dois a três dólares por semana. Após um ano remendando os sapatos da América, ele economizou o suficiente para trazer Pearl, Harry e Anna.

Em 1884, nasce o terceiro filho, Albert, seguido de Henry, Samuel, Rose e Fannie; nessa época o casal teve, praticamente, um filho por ano. Henry e Fannie não chegaram a completar 4 anos de idade, mas os demais colaboravam com as finanças do "clã", vendendo jornais ou engraxando sapatos pela vizinhança. Em busca de mais dinheiro para sustentar a numerosa família, Benjamin decidiu viajar pelo país vendendo panelas, e Pearl ficou em Balti-

Foi no dia 6 de outubro de 1927 que o cinema mudou para sempre.

more, administrando a sapataria. Em suas andanças, Benjamin pôde ter melhor noção quanto ao mercado, e decidiu trocar de ramo: voltou a Baltimore, vendeu a sapataria, colocou toda a família numa carroça e saiu pelos Estados Unidos e Canadá afora, agora comercializando peles. Foi um fracasso. Todo o dinheiro foi embora e a família ainda aumentou, com o nascimento de Jack, em 1892, e David, um ano depois, ambos em Ontário, no Canadá. A única solução era retornar a Baltimore e continuar consertando sapatos.

Benjamin se virava como podia, fazendo que os filhos trabalhassem – sendo que coproduziu mais dois: Sadye, em 1895, e Milton, em 1896 –, tentando diversificar o negócio da sapataria, vendendo guloseimas, consertando bicicletas e até mudando de cidade. Os Warner aportavam agora em Youngstown, Ohio, que prometia melhores oportunidades.

E o que tem o cinema a ver com tudo isso?

Bem, o pequeno Jack, desde que aprendera a falar, demonstrou ter um talento natural e uma disposição fora do comum para cantar. Cantar para quem quisesse ouvir. Durante a adolescência, apresentava-se em feiras, pequenos teatros de variedades, igrejas, associações, enfim, qualquer lugar que o aceitasse. Isso, é claro, entre um conserto de sapato e outro, entre um pneu de bicicleta e outro. Aos 15 anos ele já realizava apresentações pagas nos estados de Ohio e Pensilvânia, e chegou até a utilizar um nome artístico: Leon Zuardo.

*Vocês ainda não ouviram nada*

Enquanto isso, Sam – que já havia sido encantador de serpentes, bombeiro e vendedor de casquinhas de sorvete, entre outras ocupações – foi apresentado ao fascinante cinetoscópio de Edison, o qual rapidamente aprendeu a manejar. E começou a trabalhar como projecionista no White City Park, em Chicago, antes de retornar a Youngstown para tentar convencer toda a família de que as imagens em movimento seriam um grande negócio para todos. Persuasivo, Sam fez que o pai penhorasse um relógio e seu velho cavalo, Bob, para que pudessem comprar um projetor e uma cópia do filme *The Great Train Robbery*. A família alugou uma loja em Niles, ao lado de Youngstown, e o show foi montado: Albert e Harry cuidavam da bilheteria e da administração, Rose tocava piano, Sam projetava o filme e Jack cantava nos intervalos. Na primeira semana, o faturamento foi de trezentos dólares – mais do que a loja de Benjamin arrecadava o mês inteiro. O equivalente a quase dois anos de consertos de sapatos, nos primeiros tempos em Baltimore.

Os irmãos começaram a fazer exibições em vários pontos de Ohio e da Pensilvânia, e com o dinheiro arrecadado inauguraram, em 1903, o Cascade Theatre, em Newcastle. Quatro anos mais tarde, Sam, Albert, Harry e Jack se mudaram para Pittsburgh, decididos a, além de exibir filmes, também distribuí-los. Pela primeira vez na vida, a família Warner estava ganhando muito dinheiro.

Para driblar o truste de Edison, Sam comprou os direitos do filme *O Inferno de Dante* e passou a exibi-lo de forma itinerante, viajando por várias cidades americanas, e com um narrador lendo trechos do poema original. A ideia rendeu 1.500 dólares, logo desperdiçados por Jack e Sam num jogo de cartas, em Nova York. Os quatro irmãos limparam então seus bolsos para apostar numa sugestão de Harry: reformar uma antiga fundição em Saint Louis, transformá-la em estúdio e partir para a produção de filmes. Rapidamente tomaram as providências necessárias e rodaram *Peril of the Plains*, estrelado por uma jovem de Chicago chamada Dot Farley. Sam dirigiu o filme, que ficou pronto em três dias.

Aliando-se aos independentes contra o truste de Edison, os irmãos voltaram a distribuir filmes, e, alternando bons e maus negócios, conseguiram dinheiro emprestado para abrir, em 1919, o Warner Brothers West Coast Studios, em Hollywood. Finalmente, em abril de 1923, eles se organizam e se estabelecem oficialmente como empresa – chamada simplesmente Warner Bros. –, tendo Harry como presidente, Sam como diretor executivo, Albert como tesoureiro e Jack como chefe de produção. Enquanto as grandes estrelas dos outros estúdios eram Charles Chaplin, Douglas Fairbanks e Rodolfo

*Rin-Tin-Tin*, um dos maiores astros da Warner, conforta o dono após uma aventura perigosa.

Valentino, o destaque da Warner era Rin-Tin-Tin, um pastor literalmente alemão (ele foi encontrado numa trincheira alemã, durante a Primeira Guerra) que protagonizou dezenove filmes para a empresa, sempre trazendo muito lucro. O astro canino ganhava mil dólares por semana e tinha dezoito dublês para as cenas mais perigosas.

E o que a grande revolução que o cinema estava por conhecer tem a ver com tudo isso?

Embora minúscula se comparada à Metro ou à Paramount, por exemplo, a Warner tinha um crescimento sólido e uma grande sede por novidades. Produziu dezessete filmes em 1924, tornando-se 31 em 1925. No mesmo ano, a empresa comprou a pioneira Vitagraph, bem como seus escritórios de representação, e começou a perseguir um antigo sonho dos primeiros produtores de cinema: o som nos filmes. Sam havia presenciado alguns experimentos no setor; nada muito satisfatório, mas com algum potencial. Ele convenceu Harry – mais cético – de que a Warner deveria assinar um contrato com a Western Electric, empresa que estava desenvolvendo sistemas de sincronização entre som e imagem. Sam entrou em contato com alguns

*Vocês ainda não ouviram nada*

bancos e levantou 4,2 milhões de dólares, sendo que em 20 de abril de 1926 foi constituída a Vitaphone Corporation, com a Warner Bros. detendo 70% do capital.

A engenhoca criada pela empresa era revolucionária para a época: um disco de 40,6 centímetros de diâmetro gravado com o som do filme girava a 33½ rotações por minuto. Dois motores – um para o toca-discos e outro para o projetor – funcionavam exatamente com a mesma velocidade, comandados por uma mesma engrenagem elétrica, que garantia o sincronismo. Uma espécie de volante regulador tentava garantir que o sistema não sofresse alterações quanto à velocidade de projeção.

Em 17 de junho, a Warner comprou o Piccadilly Theatre, em Nova York, lá instalou um sistema de som e rebatizou o local como Warner Theatre. Alguns testes envolvendo curtas-metragens musicais foram realizados, o que prosseguiria até a grande noite de 6 de agosto, quando o sistema seria finalmente exibido para o público, no Warner Theatre. A sessão contou com um filme da Filarmônica de Nova York tocando a abertura de *Tannhäuser*, Marion Talley cantando "Caro Nome", da ópera *Rigoletto*, o comediante Roy Smeck tocando violão e recitando um monólogo, Giovanni Martinelli cantando "Vesti la Giubba", de *I Pagliacci*, a dupla Cansino – formada pelos pais de Rita Hayworth – dançando e sapateando, e, fechando a primeira metade do programa, o inevitável hino nacional, novamente com a Filarmônica de Nova York. Tudo em filme. Tudo perfeitamente sincronizado pelo sistema Vitaphone. Na segunda parte, houve a exibição de *Don Juan*, estrelado por John Barrymore, com direito a efeitos sonoros de espadas e sinos.

O público aplaudiu a produção – não de forma muito entusiástica – e a crítica a aprovou, porém, aquilo não era suficiente, pois os investimentos haviam sido muito altos. O ano de 1926 trouxe para a Warner um prejuízo de quase 280 mil dólares, e os irmãos sabiam que não adiantaria nada equipar somente o Warner Theatre. Cada sala de exibição no país que não tivesse sistema de som significava uma porta fechada para o Vitaphone. O custo de instalação do equipamento variava entre 16 e 25 mil dólares por sala, e o próprio Harry se incumbiu de viajar pelo país, reformando os cinemas. Um trabalho muito mais difícil que consertar sapatos enquanto o freguês espera: no final de 1927, apenas duzentas salas de exibição estavam preparadas para o novo sistema. Duzentos também era o número de curtas sonoros lançados no país pelo sistema Vitaphone, até aquele momento.

A implantação do Vitaphone esbarrava ainda em outra dificuldade: circulavam notícias dando conta de vários outros sistemas de som para filmes, sendo todos incompatíveis entre si. Os cinemas não queriam correr o risco de investir milhares de dólares em equipamentos que pudessem se mostrar obsoletos da noite para o dia. Principalmente depois que os chamados *Big Five* – MGM, Paramount, Universal, First National e Producers Distributing Corporation – firmaram um acordo, em fevereiro de 1927, afirmando não se comprometer com nenhum tipo de sistema de som. Por enquanto.

A Warner precisava provar, de forma incontestável, que o Vitaphone havia chegado para ficar. Foi quando Jack – sempre apaixonado pelo canto e pela música – comprou os direitos da peça *O Cantor de Jazz*, de Samson Raphaelson, visando adaptá-la para as telas. George Jessel, o ator principal da montagem feita na Broadway, pediu um pagamento muito alto para reviver o papel no cinema, e em seu lugar foi contratado Al Jolson, que havia feito o mesmo papel em montagens itinerantes. O filme foi produzido rapidamente e estreou – no mesmo Warner Theatre – em 6 de outubro de 1927. Apenas duas cenas eram realmente faladas, totalizando exatas 354 palavras. Jolson disse quase tudo, pronunciando 340 delas. Eugenie Besserer ficou com treze e Warner Oland só com uma: *stop*. Mas na época ninguém estava preocupado com isso. O filme foi um sucesso absoluto, o público ovacionou a novidade, os jornais estamparam manchetes garrafais sobre o assunto, o sincronismo funcionou, mas – numa terrível ironia – os irmãos Warner não estavam presentes para testemunhar o início da maior revolução da história do cinema em todos os tempos. No dia anterior, Sam Warner, que anos antes havia convencido seu pai a trocar um relógio e um cavalo por um projetor de cinema, morria na Califórnia, vítima de uma hemorragia cerebral. Seus irmãos imediatamente tomaram um trem para Los Angeles, perdendo, assim, aquela que seria a grande noite de sua vida. Mais tarde, Jack Warner escreveria em sua biografia que o sucesso do filme tinha sido "uma vitória vazia [...]. Quando Sam morreu – e não há dúvida de que foi *O Cantor de Jazz* que o matou – alguma coisa ficou faltando em nossa vida. O estandarte dos filmes falados continua de pé, proporcionando risos, lágrimas e fugas de nosso estresse diário. Sam trouxe isso ao mundo, e deu sua própria vida em troca".

Após a noite de 6 de outubro, o cinema nunca mais seria o mesmo. Não só as salas de exibição apressadamente se equiparam para abrigar a novidade como também todos os estúdios, de todas as empresas, praticamente tiveram de ser reconstruídos, priorizando agora o isolamento acústico. O público não queria mais saber de filmes mudos. Os estúdios não mais puderam rodar várias cenas ao mesmo tempo, no mesmo set, pois o barulho de uma interferiria na outra. Microfones enormes tinham de ser escondidos nos cenários, e toda uma nova tecnologia no setor começou a se desenvolver. As câmeras – bem como seus operadores – tinham de ficar encerradas em cabines que dispu-

*Vocês ainda não ouviram nada*

Pôster de *O Cantor de Jazz*.

nham de vidros, para que o ruído de seus motores não vazasse para a cena. Astros e estrelas com vozes desagradáveis ou sem o domínio da língua inglesa viram sua carreira desabar da noite para o dia. Os diretores não podiam mais usar seus barulhentos megafones durante a direção das cenas. Roteiristas, criadores de diálogos e professores de dicção passaram a ser valorizados. Ficavam suspensas, por tempo indeterminado, as grandes tomadas de perseguições externas, pois ainda não havia tecnologia para o desenvolvimento de um sistema portátil de captação de som. Tudo que *Cantando na Chuva* mostrou em tom de comédia ocorreu de verdade.

A revolução do som proporcionou à atividade cinematográfica a solução para a crise que ameaçava os filmes desde o início dos anos 1920, atraindo multidões para as bilheterias. Se em 1922 foram vendidos, nos Estados Unidos, 40 milhões de ingressos semanais, em 1928 – primeiro ano do cinema falado – esse número subiu para 65 milhões, passando para 95 milhões em 1929 e 110 milhões em 1930. Mesmo com crises e guerras, a venda de ingressos de cinema só voltaria a cair para patamares inferiores ao dos 60 milhões por semana nos anos 1950, com a chegada da televisão.

A pequena Warner, que tinha um cachorro como astro maior, cresceu 32.000% entre 1927 e 1929.

Vale mencionar que a primeira cena falada do filme *O Cantor de Jazz* acontece num café, onde Jack Robin (Jolson) canta *Dirty Hands, Dirty Faces*.

Em meio aos aplausos, ele levanta os braços e os interrompe: *"Wait a minute, wait a minute, you ain't heard nothin' yet! Wait a minute, I tell ya! You ain't heard nothin'! You wanna hear Toot, Toot, Tootsie? All right, hold on, hold on..."* ("Esperem um pouco, aguardem, vocês ainda não ouviram nada! Estou dizendo, esperem aí! Vocês não ouviram nada! Vocês querem ouvir *Toot, Toot, Tootsie?* Tudo bem, esperem só mais um pouco...").

Jack Robin tinha razão. Ninguém tinha ouvido nada. Ainda.

# REFERÊNCIAS BIBLIOGRÁFICAS

ALLEN, Don (ed.). *The World of Film and Filmmakers: A Visual History*. Nova York: Crown, 1979.

BERNARDET, Jean-Claude. *Historiografia Clássica do Cinema Brasileiro: Metodologia e Pedagogia*. São Paulo: Annablume, 1995.

CARD, James. *Seductive Cinema: The Art of Silent Film*. Nova York: Knopf, 1994.

CHAPLIN, Charles. *Minha Vida*. 6. ed. Rio de Janeiro: José Olympio, 1989.

CONNERS, Marilynn. *What Chance Have I in Hollywood? – Intimate Information Concerning the Movie Capital of the World*. Nova York: s.ed., 1924.

DICKSON, William K. L. *History of the Kinetograph, Kinetoscope, and Kinetophonograph*. Nova York: s.ed., 1895.

DICKSON, William K. L.; DICKSON, Antonia. *The Life and Inventions of Thomas Alva Edison*. Nova York: T. Y. Crowell, 1894.

EAMES, John Douglas. *The MGM Story: The Complete History of Fifty Roaring Years*. Nova York: Crown, 1975.

EPSTEIN, Edward Jay. *O Grande Filme: Dinheiro e Poder em Hollywood*. São Paulo: Summus, 2008.

EPSTEIN, Jean. *Bonjour, Cinéma*. Paris: La Sirène, 1921.

EWALD FILHO, Rubens. *Dicionário de Cineastas*. 2. ed. São Paulo: L&PM, 1988.

GRANT, Neil. *Laurel & Hardy: Quote, Unquote*. Nova York: Crescent, 1994.

GRIFFITH, Richard; MAYER, Arthur; BOWSER, Eileen. *The Movies*. Londres: Columbus, 1981.

HENDRICKS, Gordon. *The Edison Motion Picture Myth*. Berkeley: University of California Press, 1961.

HEPWORTH, Cecil M. *Animated Photography: The ABC of the Cinematograph*. Londres: Hazell, Watson & Viney, 1897.

HIRSCHHORN, Clive. *The Universal Story*. Nova York: Crown, 1983.

KARNEY, Robyn (ed.). *Chronicle of the Cinema: 100 Years of the Movies*. Londres: Dorling Kindersley, 1995.

KATZ, Ephraim. *The Macmillan International Film Encyclopedia*. Londres: Macmillan, 1979.

LEYDA, Jay; MUSSE, Charles *et al. Before Hollywood: Turn-of-the-Century American Film*. Nova York: Hudson Hills, 1987.

LLOYD, Ann (ed.). *Movies of the Silent Years*. Londres: Orbis, 1984.

MALTIN, Leonard. *Of Mice and Magic: A History of American Animated Cartoons*. Nova York: New American Library, 1980.

PICKARD, Roy. *Who Played Who in the Movies: An A-Z*. Londres: F. Muller, 1979.

RAMOS, Fernão (org.). *História do Cinema Brasileiro*. São Paulo: Art, 1987.

ROBERTSON, Patrick. *The Guinness Book of Movie Facts & Feats*. Enfield: Guinness, 1988.

SADOUL, Georges. *Dicionário de Filmes*. Porto Alegre: L&PM, 1993.

_____. *História do Cinema Mundial*. Lisboa: Horizonte, 1983, 3 vols.

SKLAR, Robert. *História Social do Cinema Americano*. São Paulo: Cultrix, 1978.

THE *Sins of Hollywood: An Expose of Movie Vice; A Group of Stories of Actual Happenings, Reported and Written by a Hollywood Newspaperman.* Nova York/ Los Angeles: Hollywood Publishing, 1922.

THOMAS, Tony; SOLOMON, Aubrey. *The Films of 20th Century-Fox.* Ed. rev. e ampl. Secaucus: Citadel, 1985.

TULARD, Jean. *Dicionário de Cinema: Os Diretores.* Porto Alegre: L&PM, 1996.

VINCENDEAU, Ginette (ed.). *Encyclopedia of European Cinema.* Nova York: Facts on File, 1995.

VON HAFE, Fernando Méndez-Leite. *El Cine, Su Técnica y Su Historia – Primera Parte: El Cine, un Arte.* Barcelona: Ramón Sopena, 1984, 2 vols.

WARNER, Jack. *Jack of all Trades: An Autobiography.* Londres: W. H. Allen, 1975.

IMPRESSO NA
**sumago** gráfica editorial ltda
rua itauna, 789 vila maria
**02111-031** são paulo sp
telefax 11 **2955 5636**
sumago@terra.com.br